Lernmethoden und Arbeitstechniken für die Sekundarstufe II

Arbeiten im Oberstufenkurs

W0280215

vpm

Quellennachweis

S. 42: Rede von Bundeskanzlerin Angela Merkel anlässlich des 450. Todestages von Philipp Melanchthon am 19. April 2010 in Wittenberg. © 2010 Presse und Informationsdienst der Bundesregierung; S. 44: Vox, Natascha: Alexithymie – Das Phänomen der Gefühllosigkeit. Hausarbeit für den Basiskurs Deutsch 2. Bielefeld, 2006.

Bildnachweis

Titelbilder: beschrifteter Block mit Kuli: Thinkstock (Stockbyte), München; Gruppenarbeit: shutterstock, New York, NY; Klebezettel + Bleistift: Fotolia LLC, New York; Sonne in Sand: Fotolia LLC, New York; Textmarker: Fotolia LLC, New York; Blöcke: Fotolia LLC, New York; Ordner: Fotolia LLC, New York; S. 36: DDR-Museum: DDR Museum, Berlin

Liebe Schülerin, lieber Schüler!

Die vier Hefte der Lernbox „Lernmethoden und Arbeitstechniken“ sind speziell für Ihre Arbeit in der Sekundarstufe II konzipiert. In den einzelnen Artikeln finden Sie deshalb Tipps und Anleitungen, wie Sie die neuen Aufgaben und Anforderungen in der Oberstufe erfolgreich und für Sie selbst zufriedenstellend angehen können. Die Aufgaben in der Sekundarstufe II zielen auf eine Einführung in das wissenschaftliche Arbeiten, auf die Entfaltung individueller Fähigkeiten und auf das selbstständige Lernen und Arbeiten. Die Lernbox liefert Ihnen dazu einzelne methodische Bausteine für

- die **Planung** individueller und gemeinsamer Arbeitsprozesse (Heft: Arbeiten im Oberstufenkurs; Heft: Referat und Facharbeit),
- die **Informationsbeschaffung und -verarbeitung** (Heft: Referat und Facharbeit; Heft: Analysemethoden – Texte, Töne, Bilder),
- die **Darstellung und Präsentation** von Ergebnissen (Heft: Informationen darstellen und präsentieren).

Neben den Informationen über die Methode finden Sie in den Artikeln konkrete Beispiele und teilweise auch Übungen zur Vertiefung. Dennoch erfordern es die Methoden, dass Sie sie im Schulalltag ausprobieren und dabei an Ihre eigenen Bedürfnisse anpassen. So können Sie sich mit Hilfe dieser Lernbox ein Repertoire an nützlichen Lernmethoden und Arbeitstechniken aneignen, das Ihnen das Lernen erleichtert, Ihnen hilft, den größtmöglichen Gewinn aus dem Unterricht zu ziehen und Sie optimal auf das Abitur, das Studium und letztendlich den Beruf vorbereitet.

Zu allen Artikeln finden Sie weiterführende **Literaturhinweise** am Schluss des jeweiligen Heftes.

Wir wünschen Ihnen viel Spaß und Erfolg bei der Arbeit mit der Lernbox!

Die Herausgeber

Inhalt

Selbstständiges Lernen im Unterricht

LUDWIG HUBER

Auf den ersten Blick erscheint es, als ob das selbstständige Lernen im Wesentlichen an anderen Orten als in der Schule stattfindet. Denn Inhalte und Methoden des Unterrichts werden meistens von den Lehrerinnen und Lehrern unter Berücksichtigung des Lehrplans vorgegeben. Worin besteht also Ihr Entscheidungsfreiraum als Schülerinnen und Schüler? Die Antwort ist einfach: Sie entscheiden darüber, ob aus dem Unterricht eine Lernsituation für Sie wird oder nicht! Von jedem Unterricht – ob gut gestaltet oder schlecht – können Sie profitieren, indem Sie sich selbst Ziele setzen, Ihre Interessen einbringen und auf den Verlauf einwirken.

1. Selbstständigkeit praktizieren

Der schönste Unterricht nutzt nichts, wenn Ihnen die **Lernbereitschaft** fehlt. Denn man lernt nur das, was man auch lernen will. Zu einer Entscheidung darüber kommen Sie jedoch meistens nicht bewusst oder gut überlegt, sondern nach augenblicklicher (Un-)Lust und Laune. Es ist daher schon viel gewonnen, wenn Sie diese Wahl überlegt und mit Blick auf Gründe und Folgen treffen.
Selbstständige Lerner wissen, was sie **erreichen** wollen. Um eine solche Selbstständigkeit zu erlangen, gibt es verschiedenen Möglichkeiten:

Unterricht für sich selbst nutzen

Zunächst sollten Sie versuchen, aus dem Unterricht Profit zu ziehen – unabhängig von seiner Qualität. Voraussetzung dafür ist, dass Sie mitdenken und wach bleiben. Dabei helfen Ihnen diese Techniken:

- **Mitschreiben oder Notizen machen**
  Im Unterricht bearbeitete Texte markieren und mit eigenen Anmerkungen versehen. Dabei heben Sie die Passagen hervor, die Ihnen wichtig erscheinen.
  → *„Mitschreiben und Mitschrift"*
- **Eigene Fragen stellen**
  Haken Sie nach, gleich, ob es um Verständnisprobleme oder unterschiedliche Standpunkte geht!

Tipp: Sie lassen sich vom Nachfragen abhalten, weil Sie befürchten, vielleicht für einen **Streber** gehalten zu werden? – Machen Sie sich und den anderen klar, dass Sie etwas lernen wollen und bleiben Sie authentisch. Damit erledigt sich das falsche Image meistens von selbst.
Es gibt zudem viele Möglichkeiten, als Schülergruppe oder als ganzer Kurs Einfluss auf Planung und Verlauf des Unterrichts zu nehmen.
→ *„Mitplanung des Unterrichts"*

- **Mitreden und mitdiskutieren**
  Beteiligen Sie sich am Unterrichtsgespräch. Das zu Lernende lässt sich durch eigenes Formulieren – und damit aktiv – besser aneignen.

Tipp: Fallen Ihnen während des Unterrichtsgesprächs **Fragen und Gegenargumente** nicht gleich ein oder befürchten Sie, diese auf Anhieb nicht verständlich formulieren zu können? Dann ist es sinnvoll, bei der Lehrerin/dem Lehrer eine kurze „Auszeit" zum Untereinander-darüber-Reden zu beantragen. Sie können auch darum bitten, in der nächsten Stunde noch einmal auf das Thema zurückzukommen, damit alle genügend Zeit zum Nachdenken haben.

2. Auf Planung und Verlauf einwirken

Einforderung von Verarbeitungsphasen

Es geht im Unterricht immer alles zu schnell. Viele Schülerinnen und Schüler haben den Eindruck: „Bevor ich selbstständig denken, urteilen, mich äußern oder mitreden kann, sind der Lehrer/die Lehrerin bzw. der Kurs/die Klasse schon wieder weiter." Hier hilft nur eines: eine Verarbeitungsphase einfordern! Dazu einige Beispiele:

INFO KOMPAKT

- **Stillarbeit**
  Jeder arbeitet ein paar Minuten still für sich (es muss wirklich Ruhe herrschen), geht seine Notizen durch, überdenkt das Gehörte, formuliert Fragen oder Beiträge für die Diskussion.
- „**Murmelgruppen**"
  Dasselbe – nur jetzt in (leisem) Gespräch zwischen drei bis fünf Leuten, die gerade nebeneinander sitzen oder ihre Stühle zueinander drehen. Diese Methode empfiehlt sich besonders nach längeren Referaten, Filmen usw., bevor sie im Plenum diskutiert werden.
- **Gruppenarbeit**
  Hierfür ist eine längere Phase einzuplanen, z. B. 20 Minuten. Gruppenarbeit ist die Methode der Wahl, wenn gründlichere Arbeit nötig ist oder kontroverse Fragen oder grundsätzliche Entscheidungen in einer „Plenardiskussion" anstehen.

Phasen für „Murmelgruppen" und Gruppenarbeit sollten zeitlich klar begrenzt sein, damit das Gespräch nicht zum **„Gelaber"** wird. Dazu gehört auch eine Portion Selbstdisziplin.

Tipp: „Vielleicht", wenden Sie ein, „wollen Lehrer und/oder Mitschüler keine Zeit für eine Verarbeitungsphase einräumen?" – Gewiss, Schule ist nicht Privatunterricht, der sich ganz nach den Bedürfnissen eines einzelnen Schülers richtet. Aber die Lehrerin oder der Lehrer wird einem **ausdrücklichen Wunsch aus der Gruppe** sicher nachkommen, und ob die Gruppe eine Verarbeitungsphase will, lässt sich schnell durch **Frage und Abstimmung** feststellen.

Unterrichtskritik üben

„Kritik" kommt von dem griechischen Wort für „Unterscheiden". Unterscheiden lassen sich immer nur mindestens zwei Dinge voneinander. Bezogen auf die Unterrichtskritik bedeutet dies, beide Seiten (gute und schlechte) aufzuzeigen. Solche kritischen Rückmeldungen von Schülerseite bilden für Lehrer und Lehrerinnen eine Basis, um ihren Unterricht zu verbessern.

Bei einer **„Manöverkritik"** äußern sich diejenigen Schüler zum Unterricht, die etwas loswerden möchten. Ist das Klima gut und ein allgemeines Interesse vorhanden, kann dies gelingen. Die Kritik sollte stets sachlich und anhand eines konkreten Beispiels vorgebracht werden.

Damit die Diskussion nicht nur von einigen wenigen Schülern getragen wird, sondern sich möglichst alle beteiligen, ist es hilfreich, einige **„Spielregeln"** zu befolgen:

- Beim **„Blitzlicht"** äußern alle reihum in einer Art persönlicher Momentaufnahme ihre Einschätzung des Unterrichts. So kommen auch diejenigen zu Wort, die sonst meistens schweigen, und viele Gesichtspunkte können aufgezeigt werden. Das Verfahren kann auch schriftlich und anonym durchgeführt werden, wenn die Scheu, sich öffentlich zu äußern, bei einigen zu groß ist oder die Tendenz besteht, dass die herrschende Meinung einfach nur bestätigt wird.
- Jetzt stehen die Fragen im Raum „Was soll ich schreiben?" oder „Wie soll ich's ausdrücken?". Hier ist es hilfreich, die Methoden **„Brainstorming"** und **„Ideensammlung"** anzuwenden. Jeder schreibt ein Stichwort auf einen Zettel, über das seiner Meinung nach gesprochen werden soll. Diese Zettel werden dann an Tafel oder Pinnwand angebracht und dabei so geordnet und gruppiert, dass verschiedene Rubriken und Themenblöcke sichtbar werden. Diese können jetzt diskutiert werden.

- Eine andere Methode, Themen der Kritik zu finden, ist der **„Schnippelbogen“**: Die Gruppe (einschließlich der Lehrerin bzw. des Lehrers, die dabei ihre eigenen Interessen vertreten können) entscheidet, welche die vier bis sieben wichtigsten Fragen für ihre Unterrichtskritik sind. Mögliche Antworten dazu werden dann als Thesen formuliert. Jeder bekommt oder schreibt einen (namenlosen) Zettel mit diesen Thesen und kreuzt an, wie sehr er ihnen jeweils zustimmt oder sie ablehnt. Zudem können zwei bis drei Zeilen Kommentar abgegeben werden. Die Bögen werden eingesammelt, zwischen den Antworten zerschnitten und in Kleingruppen ausgewertet.
- Siehe dazu auch
  → *„Mitplanung des Unterrichts“*
- Weitere Verfahren für Unterrichtskritik sind: **Fragebögen** entwickeln (→ Seite 8), **Kursbegleitbögen** oder **Lerntagebücher** führen und auswerten, **Unterrichtsrezensionen** (in Aufsatzform) verfassen.

Einwänden entgegnen

- Vielleicht bekommen Sie zu hören, dass die genannten Methoden zu viel Zeit kosten. Hier können Sie darauf verweisen, dass alle dadurch nur lernen können, zumal wenn der Unterricht in der Folge besser wird. Und in der Schule geht es ja schließlich vor allem um das **Lernen des Lernens**.
- Wenn Ihnen entgegengehalten wird, Schülerinnen und Schüler seien für fachliche Beurteilung nicht kompetent, gilt Folgendes: Sie können zumindest sagen, **wie die Inhalte auf Sie wirken** – und je öfter Sie es dürfen, desto besser. Und was die **Unterrichtsmethoden** angeht, so lernen Schüler schnell zu **beurteilen**, was sie daran gern anders hätten.
- Gehen Sie nicht pauschal davon aus, dass Lehrerinnen und Lehrer keine Kritik akzeptieren! Viele sind über **konstruktive Rückmeldungen** sogar froh, da sie klarer erkennen können, woran sie sind. Sie werden sich für eine negative Beurteilung auch kaum „rächen“ können, wenn diese mittels der oben genannten öffentlichen, formalisierten Verfahren zustande kommt. Starten Sie also einen Versuch.
- Ob die Lehrerin oder der Lehrer auf die Kritik hin den Unterricht wirklich ändert, ist eine andere Frage. Die eine will, der andere kann vielleicht nicht mehr anders, als es sich über Jahre eingeschliffen hat. Auch Schülerinnen und Schüler wissen (wie die meisten Menschen) aus eigener Erfahrung, wie schwierig es sein kann, das eigene Verhalten zu korrigieren. Dies sollten Sie bei der Unterrichtskritik im Hinterkopf behalten. Außerdem gilt: Auch **Teilerfolge** zählen!

3. Übernahme besonderer Parts

Hier geht es um einen weiteren Weg, sich Selbstständigkeit im Unterricht zu verschaffen. Mit „besonderem Part“ ist die **inhaltliche Spezialisierung** auf ein bestimmtes Gebiet (z. B. Geschichte als Hintergrund in fast allen Fächern) oder ein durchgängiges Problem (z. B. Ethik oder Umweltfragen) gemeint. Ein „besonderer Part“ kann aber auch sein, gemeinsam oder im Wechsel mit anderen eine **bestimmte Funktion im Unterricht wahrzunehmen**, z. B. einen kleinen Abschnitt vorzubereiten und zu leiten, als Tutor eine kleine Gruppe zu moderieren oder anderen zu helfen. Es können auch zwei oder drei ausgewählte Schüler den **Unterrichtsprozess beobachten** und zusammen eine Unterrichtskritik vorbereiten. Leitfragen für die Beobachtung sind: Wann läuft der Unterricht gut und wann nicht? Warum läuft der Unterricht gut bzw. nicht gut? Wie viele Schüler beteiligen sich woran? usw.
Wenn Sie den Eindruck haben, all das macht ja **Arbeit** und vielleicht **Ärger** und so wichtig ist Ihnen die Selbstständigkeit im Unterricht gar nicht, lohnt folgende Überlegung: Gewiss kann man den Unterricht auch einfach absitzen und nur auf die Klausuren lernen.
Aber gewiss ist auch: **Ohne Interesse kein Lernen**. Wie aber kann man Interesse entwickeln? Wege dazu:

- Fühlen Sie in sich hinein, welches Thema Sie auch nur ein bisschen interessiert und versuchen Sie es eine Weile im Kopf zu behalten. Gehen Sie ihm ein Stück weit nach (durch Beobachten, Erkunden, Lesen, Reden, ...).
- Entwickeln Sie gemeinsam mit anderen Ideen. Sozial geteilte Interessen sind doppelt stabil und verstärken sich gegenseitig immer wieder neu.
- Nehmen Sie aktiv am Unterricht teil, das macht ihn auf jeden Fall interessanter, als wenn Sie ihn nur passiv hinnehmen.

Vielleicht entdecken Sie ja auf diese Weise **Ihr eigenes „Ding“**.
Also: Den Themen und Prozessen eine Chance geben! Und damit sich selbst.

BEISPIEL

Fragebogen zur Unterrichtskritik

Fach: ______________________________

Lehrer/Lehrerin: ______________________________

Datum und Thema der Stunde: ______________________________

1. Die Stunde hat mir ○ gefallen ○ nicht gefallen, weil

____

2. Ich habe in dieser Stunde ○ richtig viel ○ einiges ○ wenig ○ nichts gelernt.

3. Die Stimmung im Kurs war
○ sehr gut ○ gut ○ mittelmäßig ○ eher schlecht ○ schlecht

4a) Der Unterricht war folgendermaßen aufgebaut (Mehrfachnennung möglich):
○ Gruppenarbeit ○ Partnerarbeit ○ Einzelarbeit ○ Frontalunterricht

4b) Ich fand das ○ gut ○ mittelmäßig ○ schlecht, weil

____

4c) Ich finde, dass zum Thema ______________________________
○ Gruppenarbeit ○ Partnerarbeit ○ Einzelarbeit ○ Frontalunterricht
○ ______________________________

besser gepasst hätte, weil ______________________________

5. Zum Thema ____________________ hätte ich mir gewünscht, dass
○ ich mehr Zeit zum Nachdenken gehabt hätte.
○ ich mich mit einem Mitschüler/einer Mitschülerin hätte austauschen können.
○ der Lehrer/die Lehrerin mehr auf Nachfragen eingegangen wäre.

○ ______________________________

6a) Ich finde, dass das Material ____________________ ○ gut ○ mittelmäßig

○ schlecht zum Thema gepasst hat, weil ______________________________

6b) Ich hätte zum Thema ____________________ gerne mehr erfahren.

6c) Zum Thema ____________________ ○ haben wir gut genug geübt
○ haben wir einigermaßen gut geübt ○ haben wir zuwenig geübt

○ haben mir die Übungen nichts gebracht, weil ______________________________

7. Ich fühlte mich ○ sehr motiviert ○ motiviert ○ wenig motiviert ○ nicht motiviert,

am Unterricht aktiv teilzunehmen, weil ______________________________

8. Generell würde es mir besser gefallen, wenn ______________________________

____

Mitplanung des Unterrichts

FELIX WINTER

Also, ehrlich gesagt, dass Schülerinnen und Schüler den Unterricht mitplanen, kommt bislang nicht häufig vor. Die meisten Lehrerinnen und Lehrer haben noch nicht erkannt, dass vor ihnen Experten für Unterricht sitzen. Denn wer erlebt schließlich täglich die verschiedensten Unterrichtsarten?!
Auch auf Schülerseite verspricht man sich bislang noch wenig von der Mitplanung. Dennoch, versuchen kann man es mal. Vielleicht lässt sich mancher Unterricht dadurch ja lebendiger gestalten. Im Folgenden werden einige Formen der Mitplanung erklärt, die Sie Ihren Mitschülern und Lehrern vorschlagen können.

1. Unterrichtsplanung

In der Regel haben Lehrerinnen und Lehrer gelernt, an Unterrichtsziele, Unterrichtsinhalte und Unterrichtsmethoden zu denken, wenn sie ihre Stunden bzw. Kurse vorbereiten. Manchmal denken sie auch an das **Vorwissen**, das die Schüler mitbringen – und dann machen sie ihren Plan. Daneben ist aber auch die sogenannte „Schwellenpädagogik“ verbreitet. Davon spricht man, wenn Lehrpersonen sich auf der Türschwelle zum Klassenzimmer mal schnell überlegen, was sie heute machen wollen. In beiden Fällen ist es nicht ganz einfach für Schülerinnen und Schüler, sich in die Planung einzubringen. Aber es gibt sie doch, die Lehrerinnen und Lehrer, die ein **offenes Ohr** für die Vorstellungen und Wünsche ihrer Schülerinnen und Schüler haben, und diese offenen Ohren gilt es zu finden.
Die Ziele des Unterrichts sehen die meisten Lehrer durch die **Lehrpläne** als vorgegeben an. Bei den Inhalten ist es ähnlich. Bei den Methoden sind sie freier. Also lohnt es sich vor allem, mit ihnen über **Methoden und Inhalte** des Unterrichts zu reden. Wer tiefer gehen will, kann natürlich auch mal einen Blick in die Lehr- bzw. Bildungspläne werfen. Die sind im Internet für jedes Fach des entsprechenden Bundeslandes verfügbar.

2. Vorbereitung

Wenn Sie einer Lehrerin bzw. einem Lehrer Ihre Mitplanung vorschlagen wollen, setzen Sie sich am besten erst einmal mit ein paar Leuten aus Ihrer Klasse bzw. Ihrem Kurs zusammen und überlegen Folgendes:

- Wie wird es im kommenden Kurs (Halbjahr) wahrscheinlich bei dieser Lehrperson (und in dieser Klasse) laufen?
- Was wird gut laufen, wovon werden Sie etwas haben? Was könnte ineffektiv, öde, grässlich werden?
- Wer von Ihnen hat schon einmal einen Unterricht in diesem Fach erlebt, der gut lief, von dem man viel hatte? Wie war dieser Unterricht gestaltet, wie wurde da gearbeitet?

Durch die Beantwortung dieser Fragen können Sie ermitteln, was Sie selbst möchten und wie Sie die betreffende Lehrperson für Ihr Vorhaben gewinnen können. Dann können Sie bei ihm bzw. ihr vorstellig werden und Ihr Anliegen vortragen. Wenn die Lehrperson sich auf Ihr Mitplanungsangebot einlässt, können Sie Ihr weiteres Vorgehen an den folgenden Schritten orientieren.

3. Planungsschritte

1. Schritt: Kursübersicht

Bitten Sie die Lehrperson, Ihnen die Überlegungen bzw. den Plan für den bevorstehenden Kursabschnitt oder das kommende Schulhalbjahr mitzuteilen, um darüber sprechen zu können. Fragen Sie auch, wo Ihre Mitplanung akzeptiert bzw. erwünscht ist und wo nicht. Wenn das geklärt ist, kann der zweite Schritt folgen.

2. Schritt: Planungsphase vereinbaren

Nachdem klar geworden ist, wo der Hase in diesem Kurs hinlaufen soll, wird eine Planungsphase von z. B. 1-2 Stunden vereinbart. Hier können in kleinen Gruppen **Ideen und Vorschläge** gesammelt und auf Plakaten **Wünsche** zusammengeschrieben werden: Welche Themen Sie interessieren, wie Sie gerne arbeiten möchten, was Sie von der Lehrerin bzw. dem Lehrer erwarten, welche Formen der Leistungsfeststellung, -bewertung und -rückmeldung Ihnen wichtig sind, wofür Sie sich viel Zeit wünschen usw. Über bestimmte Absichten können Vereinbarungen (sogenannte **Kontrakte**) ausgehandelt und ebenfalls auf einem Plakat festgehalten werden.

Tipp: Passen Sie auf, dass Sie nicht auf Dinge festgenagelt werden, die eigentlich keiner will, von denen es aber nachher heißt: „Das hatten wir so vereinbart." Auf eine **aktive Mitarbeit** werden Sie sich aber einstellen müssen, wenn Sie das Programm gemeinsam beschlossen haben.

3. Schritt: Halbzeitreflexion

Jedes Fußballspiel hat seine Halbzeit. Dann muss z. B. gemeinsam über die Strategie nachgedacht werden. Meist lässt sich auch in Kursen zur „Halbzeit" schon sagen, was bislang gut gelaufen ist, welche Arbeitsweisen nichts brachten und was noch besser gemacht werden könnte. Wenn Sie wollen, können Sie daher jetzt ein **Reflexions- und Planungsgespräch** einschieben. Zur raschen **Kursdiagnose** können Sie den Bogen benutzen, der unten abgedruckt ist. → Seite 12

4. Schritt: Endreflexion

Am Ende sollte eine **Bewertung** des gemeinsam geplanten Unterrichts stattfinden. Hilfreich ist es, wenn zuvor alle eine Rückmeldung geschrieben oder einen Bogen ausgefüllt haben, der bereits von einer Gruppe ausgewertet wurde. → Seite 11

4. Alternative: Begleitende Mitplanung

Eine gute Alternative zu den oben genannten Schritten ist es, die Mitplanung begleitend zu organisieren. Sie wird dann ein **fortlaufender Prozess**. Dabei werden jeweils ein bis zwei Schüler am Anfang der Woche beauftragt, in der letzten Kurssitzung der Woche einen kurzen **Rückblick** zu geben. Bei dieser Gelegenheit kann auch das **Bevorstehende** in den Blick genommen werden. So sind kleine Zeiten der **Reflexion und Planung** in den Unterricht eingebaut. Eine Vorlage für einen Reflexionsbogen finden Sie auf der folgenden Seite.

Noch besser wird die begleitende Mitplanung klappen, wenn für mehrere Wochen zwei bis drei Schülerinnen und Schüler den Kurs gemeinsam mit der Lehrerin bzw. dem Lehrer konzipieren und beobachten. Dazu können sie sich auch einmal außerhalb des Unterrichts – etwa in einer Pause – treffen oder sich in Kursphasen, während denen die anderen an einer Sache arbeiten, **zusammensetzen**. Am Ende einer solchen Unterrichtsphase legt die kleine Schülergruppe einen **Bericht** vor und macht **Verbesserungsvorschläge**. Natürlich muss ihre Arbeit anerkannt werden, etwa durch einen Leistungsnachweis oder eine Note.

5. Demokratie lernen

Bei der Mitplanung des Unterrichts geht es nicht nur um dessen Verbesserung, sondern auch darum, **Demokratie und Verantwortung** zu lernen. Etwas, das täglich als gemeinsame Veranstaltung stattfindet, sollte auch **gemeinsam reflektiert und gesteuert** werden. In der Schule gibt es zwar noch andere wichtige Gelegenheiten des Demokratie-Lernens, z. B. in einem Klassenrat, aber Demokratie zeigt sich nicht zuletzt darin, ob auch der alltägliche Unterricht transparent gemacht wird und mitgeplant werden kann.

Tipp: Nicht verzweifeln, wenn es nicht gleich so gut klappt. Mitplanung muss erst gelernt werden – von allen Beteiligten.

X BEISPIEL

Reflexionsbogen für Mitplaner

- Wie haben wir gearbeitet?

____

- Welche Rolle hat die Lehrperson übernommen?

____

- Was waren die Ziele dieses Kursabschnitts? Was sollte gelernt werden?

____

- Welche Inhalte haben uns beeindruckt?

____

- Worin bestand die Hauptbeschäftigung der Kursteilnehmer?
  ◯ Zuhören ◯ Notizen machen ◯ Nachdenken ◯ Lösen von Aufgaben
  ◯ Melden zur Beantwortung von Fragen ◯ Diskutieren ◯ selbstständiges Arbeiten
  ◯ ____________________
- Wann war große Aufmerksamkeit erkennbar?

____

- Wann entstanden Langeweile oder Unruhe?

____

- Wie sind im Vergleich zu anderen Kursen folgende Aspekte zu beurteilen:

	++	+	O	-	- -
Lerneffekt	◯	◯	◯	◯	◯
Arbeitsweisen	◯	◯	◯	◯	◯
Zeitnutzung	◯	◯	◯	◯	◯
Diskussionen	◯	◯	◯	◯	◯
Beteiligung	◯	◯	◯	◯	◯
Unterstützung durch die Lehrperson	◯	◯	◯	◯	◯
Klassenklima	◯	◯	◯	◯	◯
transparente Anforderungen	◯	◯	◯	◯	◯
vielfältige Methoden	◯	◯	◯	◯	◯

- Wie zufrieden/unzufrieden sind wir mit dem Unterrichtsverlauf?

__________, weil ____________________

- Welche weiteren Verbesserungsvorschläge haben wir?

____

6. Ein Bogen zur raschen Kursdiagnose

Dieser Bogen eignet sich als Grundlage für die Mitplanung in einem **laufenden Kurs**. Man kann ihn einsetzen, um sich kurz über den **Status quo** zu verständigen. Das Ausfüllen dauert nicht länger als zehn Minuten. Er kann auf zwei Arten ausgewertet werden:

- Erstens, indem jeder seinen ausgefüllten Bogen in die einzelnen Abschnitte zerschneidet. Die Abschnitte werden von je einem Schüler eingesammelt und sofort ausgewertet. Eine gewisse Anonymität bleibt bei diesem Verfahren gewahrt.
- Zweitens, indem jemand die Bögen mit nach Hause nimmt und bis zur nächsten Sitzung auswertet. Die **durchschnittliche Bewertung aller Kursteilnehmer** lässt sich als Ergebnis z. B. auf einer Folie des Bogens eintragen und vorstellen. Die Antworten, die bei den drei offen gestellten Punkten gegeben wurden, sollten aufgelistet und ebenfalls präsentiert und besprochen werden.

Bogen zur Kursdiagnose

	++	+	O	-	- -
Arbeitsatmosphäre	○	○	○	○	○
Vorträge des/der Lehrenden	○	○	○	○	○
Spaß am Thema	○	○	○	○	○
Lerneffekt	○	○	○	○	○
Engagement der SchülerInnen	○	○	○	○	○
Methodenvielfalt	○	○	○	○	○
Engagement des/der Lehrenden	○	○	○	○	○

Toll ist hier:

____

Problematisch ist hier:

____

Ein Tipp für die/den Lehrende(n):

____

Mitschreiben und Mitschrift

ANNETT TASSLER

Denn, was man schwarz auf weiß besitzt, kann man getrost nach Hause tragen, sagte bereits Goethe. Mitschreiben bedeutet, das Gehörte nicht nur passiv aufzunehmen (und dann leider leicht zu vergessen), sondern es gedanklich zu verarbeiten und in eine sprachliche Form zu bringen – der erste Schritt, um sich etwas intensiv einzuprägen. Insofern erleichtert das Mitschreiben das Lernen und spart auch noch Zeit.

INFO KOMPAKT

Wie, was und wofür mitgeschrieben wird, ist bei einer Mitschrift von großer Bedeutung. Zu allen drei Teilbereichen, die Sie in der untenstehenden Tabelle im Überblick vor sich haben, werden anschließend im Einzelnen praktische Hinweise gegeben.

1 Wie wird mitgeschrieben? Vorgehensweise	2 Was wird mitgeschrieben? Inhaltliche Auswahl	3 Wofür wird mitgeschrieben? Verwendungszweck
▸ Vor der Mitschrift: Lose DIN A4-Blätter, Stifte bzw. Notebook bereit halten; Einzelblattvorbereitung ▸ Während der Mitschrift: Treffende Stichworte formulieren, Abkürzungen nutzen, Namen, Daten, Zahlen mitschreiben ▸ Nach der Mitschrift: Ergänzungen, Fragen formulieren, Lücken schließen	▸ Nur das Wesentliche mitschreiben! ▸ Gliederungshinweise des Vortragenden beachten. ▸ Nicht zu voreilig mitschreiben, sondern den Gedankengang abwarten.	▸ Gesprächsnotizen, gedacht für kurzzeitige Aufbewahrung ▸ Unterrichts- und Seminarnotizen für längere Aufbewahrung ▸ Vortrags-, Vorlesungsnotizen für die „ewige“ Aufbewahrung

1. Wie wird mitgeschrieben? Vorgehensweise und Gestaltung einer Mitschrift

Vor der Mitschrift:

- **Lose DIN A4-Blätter** sind für eine Mitschrift geeigneter als Hefte, da je nach Verwendungszweck geordnet und ergänzt werden kann. Sie sollten nur **einseitig beschrieben und mit einem breiten Rand** versehen werden, um Platz für Ergänzungen zur Verfügung zu haben. Auch ein Notebook eignet sich, um Mitschriften anzufertigen, doch Handschriftliches wird meistens schneller verfasst als Getipptes.
Blattvorbereitung: **Jedes** (!) Blatt sollte mit dem **Datum, dem Thema, dem Namen der oder des Vortragenden und einer Seitenangabe** gekennzeichnet werden, um es später in jedem Fall korrekt einordnen zu können.

Während der Mitschrift:

- Beschränken Sie sich auf **Stichworte**! Ausnahmen: Definitionen oder Zitate. Formulieren Sie so, dass Sie Ihre Aufzeichnungen später problemlos entschlüsseln können.

- Normalerweise wird eine Mitschrift **linear gestaltet**, d. h. Zeile für Zeile von oben nach unten. Sie können jedoch auch eine sogenannte **Mindmap** anlegen, in der die Schlüsselbegriffe grafisch übersichtlich mit Pfeilen, Einrückungen usw. angeordnet werden. Dadurch kann ein Thema relativ leicht überschaut werden.

- Benutzen Sie offizielle **Abkürzungen** und entwickeln Sie ein eigenes Abkürzungssystem (z. B. Pfeile, Symbole, ...) für häufig verwendete Begriffe.

- **Namen, Daten, Begriffe, Zahlen, Literaturhinweise** sollten Sie sorgfältig notieren, um sie später nachschlagen oder sich genauer darüber informieren zu können.

Nach der Mitschrift:

- Möglichst bald nach dem Ende der Mitschrift sollten Sie die Mitschrift **nacharbeiten**: Ist sie vollständig? Sind Ergänzungen nötig? Unterstreichen Sie wichtige Stellen und schlagen Sie Unklares nach, fügen Sie Fragen und Kommentare ein. Günstig hierfür ist die Benutzung einer anderen Farbe.

2. Was wird mitgeschrieben? Inhalt einer Mitschrift

Man kann unmöglich alles mitschreiben, darum muss man eine **Auswahl** aus dem Gehörten treffen. Die größte Schwierigkeit besteht darin, **Wichtiges und Unwichtiges voneinander zu trennen**. Hören Sie deshalb genau zu, denken Sie mit und achten Sie auf Gliederungshinweise, die die oder der Vortragende selbst gibt, z. B. Überschriften, Überblicke, Zusammenfassungen oder gliedernde Redewendungen (erstens ... zweitens; hervorzuheben ist ...). Wird gerade ein Hauptgedanke ausgeführt oder ein Beispiel erläutert? Schreiben Sie nicht zu schnell mit, sondern warten Sie, bis der Sinnabschnitt abgeschlossen ist!
Ergänzen Sie Handouts oder Power-Point-Präsentationen mit Ihren Notizen oder fertigen Sie unabhängig von diesen Handreichungen eine eigene Mitschrift an.

3. Wofür wird mitgeschrieben? Verwendungszweck

Wozu wird eine Mitschrift erstellt? Der Verwendungszweck und die geplante **„Aufbewahrungsdauer“** haben auf die Gestaltung einer Mitschrift einen starken Einfluss.
Beabsichtigen Sie, Ihre Notizen lediglich kurzzeitig für eine Diskussion oder ein Gespräch zu benutzen, genügt es, Fragen, Kritikpunkte und Unverstandenes bzw. eigene Vorschläge aufzuschreiben.
Möchten Sie Ihre Mitschrift für eine etwas längere Zeitspanne – bis z. B. eine Klausur ansteht – zur Verfügung haben, so sollten Sie im Unterricht oder Kurs das Datum, das Thema, Tafelanschriebe und Hausaufgaben notieren.
Für Mitschriften, die Wichtiges auf unbestimmte Zeit bewahren sollen, wie Vorträge, Vorlesungen usw., gilt das oben Gesagte: Hier sollten Sie so sorgfältig wie möglich alle angeführten Arbeitsschritte vollziehen.

BEISPIEL

Lesen Sie den Vortrag der Bundeskanzlerin Angela Merkel zum 450. Todestag Philipp Melanchthons (→ Seite 42) und vergleichen Sie dazu die unten stehende Mitschrift.

Ref.: Bundeskanzlerin Angela Merkel
Ort: Wittenberg, Schlosskirche
Seite 1 ❶ 19.04.2010

Rede der Bundeskanzlerin zum Gedenken an Philipp Melanchthon

- Gedenken an Philipp Melanchthon, Bildungsreformer ❷
- in Schlosskirche Wittenberg (Ausgangsort für Reformation)
- Reformation ging einher mit Bildungsaufbruch/Wissen für mehr Menschen zugänglich (Verdienst des Buchdrucks!)
- Melanchthon: Gelehrter, Pädagoge, Schulgründer; für ihn wichtig: Bildung – Schlüssel zur Mündigkeit
- Forderung: elementare Bildung für alle (Bibel selbst lesen!), unabhängig vom Stand

❸ → Erfolg: Bildungsschub durch Reformation; Menschen urteilsfester

- Heute: Bildung für alle selbstverständlich; Existenz eines guten Bildungssystems – Grundlage für stabile Demokratie und Wirtschaftskraft in Dtl. ❹

!! – Aber: ❺

1. Erfolg im Bildungssystem zu oft herkunftsabhängig
2. unzureichende Kenntnisse bei Schulabgängern

- daher: Auftrag Melanchthons durchsetzen: Bildung für alle, denn: Bildungschancen sind Lebenschancen!
- Historie: Melanchthon, Jesuiten, Pietisten, Humboldt → große Bedeutung für Bildung – auch für uns heute wichtig, daher
  - Notwendigkeiten: - gute Lehrer, öffentl. Voraussetzungen (z. B. 10% des BIP bis 2015 für Bildung)
  - Verbesserung vorschulischer Sprachförderung
  - Unis verbessern; Studium unabh. von Finanzen
  - größere Durchlässigkeit des Bildungssystems
  - zu Lehrern: schon Mel. klagte über Leiden der Lehrer (harte Arbeit, Verachtung)!

→ Dank an Lehrer heute

❶ Gute Vorbereitung des Blattes: Es enthält den Namen des Referenten, den Ort, das Datum und die Seitenzahl.

❷ Die Mitschrift wurde nachbearbeitet und enthält nun mit Marker gekennzeichnete, besonders wichtige Stellen.

❸ Einsatz eigener Symbole.

❹ Dtl. = Deutschland, Beispiel für eigene Abkürzungen, wie sie häufiger in der Mitschrift vorkommen.

❺ Unterstreichungen als Mittel zur Hervorhebung.

BEISPIEL

Ref.: Bundeskanzlerin Angela Merkel
Ort: Wittenberg, Schlosskirche
Seite 2 19.04.2010

- Aktuell: Diskussion Kindesmissbrauch; aber: Mehrzahl der L arbeitet gut; Vertrauen von S und Eltern; Dtl. benötigt engagierte L (Weltwandel durch Vernetzung)
- Zukunft:
  - neue Technologien etc.
  - daher Chancen nutzen, Bildung für alle als Voraussetzung (Vermächtnis Melanchthons): „Kein Bollwerk und keine Befestigung macht eine Stadt stärker als gebildete, kluge und mit anderen Tugenden begabte Bürger." (6)

(6) Um gut nachbereiten und sich später ausführlicher informieren zu können, wurde das Zitat mitgeschrieben.

ÜBUNGEN

1) Eine Mitschrift anfertigen: Bitten Sie einen Lehrer oder Mitschüler, Ihnen den Text „Alexithymie – Das Phänomen der Gefühllosigkeit" (S. 44) vorzutragen, und fertigen Sie dazu eine Mitschrift an!

FREIE AUFGABEN

2a) Besuchen Sie einen Vortrag und fertigen Sie eine lineare Mitschrift an!

2b) Fertigen Sie anschließend eine Mitschrift in Form einer Mindmap an!

2c) Vergleichen Sie beide Arten der Mitschrift und überlegen Sie, mit welcher Form Sie persönlich besser umgehen können!

Kleingruppenarbeit

FELIX WINTER

Es gibt sehr unterschiedliche Arten von Gruppenarbeit. Der Zeitraum, den die Gruppe zur Verfügung hat, die Anforderungen der zu lösenden Aufgabe und das Alter der Teilnehmer spielen eine wichtige Rolle. Daher ist es nicht ganz einfach, allgemeine Tipps zu geben. Jeder weiß aus Erfahrung, dass Gruppenarbeit manchmal prima läuft und manchmal gar nichts bringt oder sogar dazu führt, dass sich die Beteiligten streiten.

Woran liegt es also, wenn eine Gruppe scheitert? Meistens wird hinterher angenommen, dass die Leute nicht zusammengepasst haben, und oft ist diese Vermutung auch nicht ganz falsch. Man kann aber im Vorfeld viel dafür tun, dass die Zusammensetzung stimmt! Wie Sie Konstellation und Verlauf nicht dem Zufall überlassen, wird hier erörtert.

1. Die Aufgaben klären

Eine gute Voraussetzung ist, wenn der **Auftrag** an die Gruppe schriftlich vorliegt und jeder ein Exemplar davon hat.
Das heißt aber nicht, dass vorstrukturierte Aufgaben mit genauen Festlegungen immer die besten wären, denn Gruppenarbeit braucht zwar **Gestaltungsfreiheit**, andererseits erleichtern Vorgaben und Vereinbarungen die Arbeit – z. B. wenn geklärt ist, welches „Produkt“ am Ende vorliegen soll.

Tipp: Die Gestaltungsfreiheit der Gruppe und ihre Aufgaben sollten jeweils mit der Lehrerin bzw. dem Lehrer geklärt werden. Im Zweifelsfall ist es gut, gleich nachzufragen, anstatt später festzustellen, dass man sich missverstanden hat.

2. Ein guter Arbeitsplatz

- Dort, wo die Gruppe arbeitet, soll es **nicht laut oder hektisch** sein.
- Die Mitglieder einer Kleingruppe sollen sich alle anschauen können.

3. Regeln für den Ablauf

Klar, jeder kann in einer Kleingruppe mitreden und mitmachen. Aber ein wirklich gutes Team ist man deshalb noch nicht – das wird man erst. Das gilt in der Schule ebenso wie bei den Profis im Sport.
Dabei helfen zwei Regeln:

1. Erwartungen abstimmen und Vorgehen planen

Zu Beginn sollte die Gruppe klären, **welche Schritte** zur Bewältigung der Arbeit nötig sind. Schätzen Sie einerseits ein, wo Schwierigkeiten liegen, und überlegen Sie andererseits, was Ihnen vermutlich leicht fallen wird.
Jeder sollte zudem ein Statement dazu abgeben, wie er sich die Arbeit der Gruppe vorstellt und was seine Erwartungen an das Ergebnis sind.
Wenn klar ist, was getan werden soll, kann – für längere Gruppenarbeit – ein **Zeitplan** aufgestellt werden. Dieser sollte vor allem dann gut durchdacht sein, wenn die Arbeit aufgeteilt wird.

2. Rollen festlegen

Besonders für Gruppen, die bislang noch nicht oder nur wenig zusammengearbeitet haben, ist es sinnvoll, Rollen festzulegen, die von einzelnen Mitgliedern übernommen werden.
Legen Sie beispielsweise fest,

- wer ein Treffen leiten soll,
- wer kontrolliert, ob die Aufgabenbedingungen eingehalten werden,
- wer aufschreibt, was besprochen und beschlossen wird,
- wer Vorschläge macht,
- wer Vorschläge prüft und bewertet,
- wer später im Plenum über das Vorgehen und die Ergebnisse der Gruppe berichtet,
- wer bei Streit für eine Aussprache sorgt und schlichtet.

Solche und ähnliche Rollen werden in vielen Gruppen spontan von einzelnen Personen übernommen. Dann fällt die Zuordnung leicht. Selbstverständlich müssen auch nicht alle genannten Rollen vergeben werden. Auch ist es gut, wenn jemand abseits einer festen Rollenzuschreibung z. B. durch eine spaßige Bemerkung die Szene auflockert.

Tipp: Erfahrungsgemäß trauen sich viele Gruppen nicht, **Abläufe zu regeln und Rollen zu verteilen** – vielleicht, weil die Beteiligten denken, in einer guten Gruppe müsse **spontan alles perfekt** laufen. Das ist aber oft ein **Irrtum**. Deshalb lohnt es sich mit solchen Rollen zu arbeiten.

4. Verantwortung hat die ganze Gruppe

Zum Gelingen der Gruppenarbeit tragen Sie bei, indem Sie einerseits **Ihr Können und Ihre Stärken** und anderseits **Ihre eigene Meinung** einbringen. Richten sich nämlich alle nach der (vermuteten) „Gruppenmeinung", kann keine lebendige Arbeit zustande kommen. Erst wenn jeder einbringt, was er selbst denkt und sich in Ruhe anhört, was die anderen meinen und wollen, kann etwas Gemeinsames entstehen. Entscheidungen sollen gemeinsam getroffen und getragen werden.

5. Schauen, wo man gerade steht

Gute Teams unterscheiden sich von schlechten dadurch, dass sie fähig sind **innezuhalten** und zu überlegen, wo sie gerade stehen. Dies ist Voraussetzung dafür, z. B. einen **Plan neu anzupassen**, wenn sich Erwartungen nicht erfüllt haben. Manchmal hat sich auch eine **ungute Stimmung** aufgebaut und man muss erst einmal reflektieren, was in der Gruppe los ist und wie man jetzt weiterkommt. Gruppen, denen es gelingt, sich in schwierigen Situationen zu steuern, haben den Schlüssel zum Erfolg.

6. Geeignete Arbeitsformen finden

Fünf Menschen können mehr heben als einer, Theater ist meist lustiger, wenn mehr als ein Darsteller spielt, sieben Schüler können in gleicher Zeit mehr Leute befragen oder mehr lesen als einer. Wenn es aber darum geht, einen Text zu formulieren, ist es meistens besser, dass Einzelne dies tun, als wenn fünf Personen sich darüber beugen.

Tipp: Welche Aktivitäten eignen sich für Gruppen?

- Vorschläge entwickeln und prüfen
- Gedanken oder Meinungen zusammentragen und abwägen
- Informationen einholen
- Texte diskutieren
- sich wechselseitig etwas vortragen
- sich gegenseitig beraten und helfen
- üben, sich gegenseitig abfragen und bewerten
- größere Unternehmungen planen und durchführen (z. B. Aufführungen, Feste, Aktionen, Untersuchungen)
- komplexe Problemaufgaben lösen

Gruppenarbeit kann auch darin bestehen, dass Aufgaben an Einzelne **delegiert** und die Teilergebnisse später **zusammengetragen** werden. Planen Sie hierfür ausreichend Zeit ein und berücksichtigen Sie unbedingt auch gemeinsame Arbeitsformen, da sonst keine Gruppenleistung entsteht.

7. Für gute Atmosphäre sorgen

Zur Gruppenarbeit gehören auch Entspannung, ein Schwätzchen und lockere Atmosphäre. Gruppen, die nur angestrengt diskutieren oder arbeiten, geraten leicht in Verkrampfung und Streit. Andererseits verstehen es gute Gruppen, ihre **Entspannungsphasen** zu begrenzen und rasch wieder zur Arbeit überzugehen.

8. Präsentation vorbereiten

Es ist schade, wenn eine gute Gruppenleistung in der Klasse bzw. im Kurs nicht sichtbar wird, weil die Präsentation der Ergebnisse schwach ist.
Planen Sie für eine gelungene Darstellung Ihrer Arbeit **genügend Zeit** ein und legen Sie frühzeitig fest, wer die Arbeitsergebnisse vorträgt. Wenn mehrere Personen dies tun sollen, müssen die Einzelbeiträge genau abgesprochen und vielleicht auch eingeübt werden.
Beim Bericht vor dem Plenum ist es nicht nötig, ungelöste Probleme oder Meinungsverschiedenheiten zu verschweigen. Gerade die **Thematisierung von Schwierigkeiten** regt oft die Diskussion an und bringt den ganzen Kurs weiter.
Hilfreich für die Zuhörer ist es auch, wenn Sie berichten, was Sie als Gruppe besonders interessiert hat und wie Sie bei Ihrer Arbeit vorgegangen sind.

Tipp: Mögliche Präsentationsformen
Der Vortrag Ihrer Arbeitsergebnisse kann von den Mitgliedern der Gruppe gemeinsam oder von einem einzelnen Gruppenmitglied gehalten werden. Es empfiehlt sich, die Präsentationen vorher einmal durchzuspielen. Dabei ergeben sich oft noch Fragen oder Probleme bei der Darstellung, die Sie gemeinsam in der Gruppe lösen können, bevor es ernst wird.

Auch bei einem Vortrag vor dem Kurs sollten Sie visuelle Hilfsmittel nutzen, z. B. Folien, ein Poster und/oder ein Handout. Bei **Overhead-Folien oder Präsentationen,** die Sie am Computer erstellen, gelten folgende wichtige Regeln:

- Die Gliederung Ihres Vortrags sollte möglichst übersichtlich sein und den Zuhörern ggf. auch vorliegen.
- Achten Sie darauf, Ihre Präsentation **nicht zu überfrachten**. Wählen Sie daher genau aus, welche Informationen für die Zuhörer besonders wichtig sind, und seien Sie sparsam mit Effekten und Hervorhebungen.
- Bei Postern müssen Sie zusätzlich beachten, dass sie aus einem gewissen Abstand noch **lesbar** sein müssen.

Ein gutes **Handout** sollte folgende Elemente enthalten:

- eine stichpunktartige **Gliederung** des Vortrags,
- die wichtigsten **Thesen**,
- Definitionen und ggf. **Zitate** sowie
- **Literaturhinweise**.

Das Handout sollte das Zuhören unterstützen, nicht überflüssig machen. Daher sollte es, ebenso wie ein Poster oder Folien, **gut gegliedert** sein und nur **die wichtigsten Inhalte** des Vortrags vorstellen. → *Heft: Informationen darstellen und präsentieren*

Die Weitergabe Ihres erarbeiteten Wissens kann auch über sogenannte **kooperative Lernformen** erfolgen, die im Klassen- bzw. Kursverband stattfinden. Diese eignen sich besonders, wenn jede Gruppe ein eigenes Thema bearbeitet hat. Hier zwei Beispiele:

- **Galerierundgang**: Die Arbeitsergebnisse der Gruppen werden im Raum ausgestellt. Dabei kann es sich um Poster, Wandzeitungen, Collagen, szenische Darstellungen, erarbeitete Filme oder Audiodateien handeln. Ein Mitglied der Gruppe bleibt beim Arbeitsergebnis stehen, um es zu erläutern, während die anderen sich die Ergebnisse der anderen Gruppen anschauen.
- **Gruppenpuzzle** (Expertenrunde): Zunächst bearbeitet jede Gruppe ein Thema, üblicherweise Einzelaspekte einer Fragestellung. Dann werden die Gruppen neu zusammengestellt, und zwar so, dass die neuen Gruppen je ein Mitglied jeder alten Gruppe enthalten. Jedes neue Gruppenmitglied stellt nun die Ergebnisse der alten Gruppe vor.
- Auch bei diesen Formen der Präsentation ist es wichtig, das erarbeitete Wissen gut strukturiert und mit Beispielen belegt vorzutragen. Daher bietet sich auch dafür z. B. ein **gemeinsam erarbeitetes Handout** an.

9. Wenn trotzdem etwas schiefgeht

Die besten Tipps und Vorsätze werden nicht verhindern können, dass Gruppenarbeit manchmal misslingt. Es ist eine schwierige Arbeitsform, auch wenn sie auf den ersten Blick nicht als solche erscheint. Wenn Sie aber **reflektieren und erkennen**, was die Probleme der Gruppenarbeit waren, haben Sie trotzdem eine Menge gelernt.

Auf der folgenden Seite finden Sie einen Evaluationsbogen, mit dessen Hilfe Sie Ihre Gruppenarbeitsphase bewerten können. Er kann Ihnen helfen, bestimmte Probleme zu erkennen und eine Lösungsstrategie zu erarbeiten.
Sie können ihn entweder in der Gruppe ausfüllen und das Ergebnis gemeinsam festhalten, oder jedes Gruppenmitglied füllt ihn einzeln aus. Ein Gruppenmitglied wertet dann die Bögen aus und hält in ein paar Stichworten fest, wo die meisten Probleme gesehen wurden. Auch hier kann die Gruppe sich noch einmal zusammenfinden, um Lösungsmöglichkeiten zu suchen.

BEISPIEL

Evaluation unserer Gruppenarbeit

Gruppenmitglieder: ____________________

Thema der Unterrichtseinheit: ____________________

Thema der Gruppenarbeit: ____________________

1. Zusammenarbeit in der Gruppe

Jedes Gruppenmitglied hat themenbezogen mitgearbeitet.

○ stimmt ○ stimmt teilweise ○ stimmt eher nicht ○ stimmt nicht

Jedes Gruppenmitglied hat einen guten Beitrag geliefert.

○ stimmt ○ stimmt teilweise, weil ____________________

○ stimmt nicht, weil ____________________

Jedes Gruppenmitglied hat die ihm/ihr zugeteilte Funktion wahrgenommen.

○ stimmt ○ stimmt teilweise, weil ____________________

○ stimmt nicht, weil ____________________

Störungen entstanden besonders, weil

○ Gruppenmitglieder fehlten. ○ Gruppenmitglieder unpünktlich waren.

○ Gruppenmitglieder abgelenkt waren. ○ wir nach Pausen schlecht zum Thema zurückgefunden haben.

○ schlechte oder vom Thema wegführende Beiträge kamen. ○ keine Beiträge kamen.

○ ____________________

2. Arbeitsergebnis

Wir haben die Aufgabe in der zur Verfügung stehenden Zeit

○ vollständig gelöst. ○ zum großen Teil gelöst. ○ teilweise gelöst. ○ nicht lösen können.

Falls die Aufgabe nur teilweise oder gar nicht gelöst werden konnte: Es lag daran, dass

○ wir die Aufgabe nicht verstanden haben. ○ wir keine guten Materialien hatten.

○ unsere Aufgabenverteilung nicht funktioniert hat. ○ unsere Abläufe nicht funktioniert haben.

○ einige Beiträge nicht kamen oder zu schlecht waren. ○ ____________________

3. Konfliktbewältigung

Wenn wir unterschiedlicher Meinung waren,

○ haben wir in der Gruppe eine Lösung gesucht. ○ hat jemand aus der Gruppe eingegriffen.

○ hat die Lehrperson eingegriffen. ○ haben wir uns nicht einigen können.

○ ____________________

Um einen Konflikt zu lösen, hat es am besten funktioniert,

○ darüber in der Gruppe sachlich zu sprechen. ○ einen „Konfliktbeauftragten" zu berufen.

○ wenn der Gruppenleiter/die Gruppenleiterin entschieden hat. ○ wenn der Lehrer entschieden hat.

○ eine Abstimmung zu halten. ○ ____________________

4. Fazit:

Beim nächsten Mal würde ich/würden wir folgendes anders machen:

____

An einer Diskussion aktiv teilnehmen und sie leiten

UWE HORST

Das haben Sie bestimmt auch schon erlebt: Ein kontroverses Thema in der Klasse, alle reden plötzlich durcheinander. Wer am lautesten spricht, setzt sich durch, nachdenkliche Äußerungen haben kaum eine Chance – und nach kurzer Zeit beendet der Lehrer das Ganze oder Frustration greift um sich, da ein echter Meinungsaustausch kaum stattgefunden hat. Natürlich geht das auch anders und dabei wird schnell deutlich: Eine gelungene Diskussion setzt klare Regeln voraus, an die sich die Teilnehmer halten.

1. Diskussion – eine besondere Form der Kommunikation

1. Kommunikation – Diskussion – Debatte

Wenn Menschen miteinander reden, telefonieren, sich Briefe oder E-Mails schreiben, aber auch, wenn sie sich zuwinken und anlächeln, sind das unterschiedliche Formen von Kommunikation. Diese dient der **gegenseitigen Verständigung**, die aber nicht immer gelingt. Besonders erschwerte Bedingungen herrschen, wenn mehrere oder gar viele Menschen gleichzeitig an einer Kommunikation beteiligt sind – wie bei einer Diskussion oder einer Debatte.

INFO KOMPAKT

Unterscheidungsmerkmale von Diskussion und Debatte

Diskussion	Debatte
▸ dient dem Meinungsaustausch, der Positionsbestimmung oder der gemeinsamen Klärung eines Sachverhalts ▸ endet im Konsens, im Dissens oder in einer differenzierten Abgrenzung	▸ ist eine zugespitzte, streng geregelte Diskussion gegensätzlicher Pro- und Kontra-Positionen ▸ endet mit einer Entscheidung per Abstimmung

2. Wichtige Eigenschaften einer Diskussion

- Jede Diskussion besteht aus verbalen und nonverbalen Anteilen: Gestik, Mimik und Körperhaltung haben oft einen ebenso hohen Mitteilungswert wie Worte.
- Jede Diskussion hat eine Sach- und eine Beziehungsebene: Schüler reden untereinander anders als mit ihren Lehrern, Freunde vertrauter als Feinde. Zustimmung und Widerspruch sind nicht allein von Sachargumenten abhängig, sondern auch von der Art der Beziehung, in der die Kommunikationspartner zueinander stehen.
- Jede Diskussion enthält geschlechtsspezifische Merkmale: Männer beziehen sich in der Regel weniger stark auf vorangegangene Redebeiträge als Frauen. Zudem neigen sie eher dazu, andere Positionen als Abweichungen von der eigenen, d. h. nach ihrem Verständnis, der richtigen Meinung wahrzunehmen.

2. An einer Diskussion aktiv teilnehmen

Soll eine Diskussion gelingen, setzt dies eine respektvolle Grundhaltung der Teilnehmer und ihre aktive Mitarbeit voraus: Sie müssen sich gegenseitig ernst nehmen und als Personen trotz verschiedener Positionen akzeptieren. Es geht dabei um das gemeinsame Ziel, im Widerstreit der unterschiedlichen Meinungen und Begründungen nicht unbedingt inhaltliche Übereinstimmung, aber eine Klärung der Positionen und bestenfalls gegenseitiges Verständnis herzustellen. Damit das gelingt, sollten **einige Verhaltensregeln** beachtet werden:

Ausreden lassen und zuhören können

Gegenseitige Akzeptanz zeigen Sie dadurch, dass Sie anderen Teilnehmern aufmerksam zuhören und sie ungestört ihren Beitrag vorbringen lassen. Am besten lässt sich das üben, indem jeder Redebeitrag den wichtigsten Gedanken der vorangegangenen Argumentation knapp aufnimmt bzw. daran anknüpft.

Kurz und konzentriert reden

Ihrem eigenen Redebeitrag hören die anderen Teilnehmer besser und aufmerksamer zu, wenn Sie Folgendes beachten: Konzentrieren Sie sich auf das Wesentliche bzw. einen zentralen Gedanken und vermeiden Sie Abschweifungen und Wiederholungen.

Begründen und argumentieren

Ihr Beitrag wirkt am überzeugendsten, wenn Sie ihn klar begründen können – durch den Verweis auf Fakten oder ein Beispiel, auf allgemein akzeptierte Werte (z. B. Menschenrechte) oder auf mögliche Konsequenzen. Übrigens: Ein rhetorischer „Sieg“ ist noch kein starkes Sachargument.

Sachlich kritisieren und gelassen reagieren

Auf Ihre Kritik hört man eher, wenn Sie sie ruhig und von Argumenten gestützt vortragen. Sie versachlichen die Diskussion, wenn Sie auf Gefühlsausbrüche gelassen reagieren und die eigenen Emotionen kontrollieren.

Sich selbst zurücknehmen und Nachdenken zulassen

Eine Diskussion sollte keine Plattform für Ihre Selbstdarstellung sein. Wenn Sie an vorausgegangene Beiträge anknüpfen, hören die anderen eher zu. Manchmal braucht ein Gedanke auch Entwicklungszeit – ertragen Sie solche Pausen!

3. Eine Diskussion leiten

Die Leitung einer Diskussion verlangt **unterschiedliche Fähigkeiten:**
Die Leitungsperson gehört zu den Teilnehmern, hat eine eigene Meinung, soll zugleich aber neutral sein, um von allen akzeptiert zu werden. Sie ruft die Teilnehmer, die sich zu Wort melden, namentlich der Reihenfolge entsprechend auf. Sie strukturiert die Diskussion, muss also dem (inhaltlichen) Gang genau folgen, um neue Impulse geben zu können und die Zielsetzung im Auge zu behalten. Sie soll auf die Einhaltung der vereinbarten Gesprächsregeln achten, bei Störungen intervenieren und zugleich für eine freundliche und lockere Atmosphäre sorgen. Und schließlich soll sie auf die Zeit achten und am Schluss die Ergebnisse zusammenfassen.

Dies alles lässt sich durch Übung erlernen – dabei sollte man mit kleineren, überschaubaren Gruppen beginnen. Zur Entlastung lassen sich die Leitungsaufgaben auch auf drei Personen verteilen, die dann jeweils die Verantwortung für einen der folgenden Bereiche übernehmen: **Gesprächsleitung, Rednerliste, Ergebnisfixierung**.
Die folgende Infobox gibt eine Übersicht zu den wichtigsten Etappen einer Diskussion und den Aktivitäten der Leitung. Zudem enthält sie zu den jeweiligen Phasen passende Formulierungsvorschläge:

INFO KOMPAKT

Diskussion

Phasen und Akteure	Vorgehensweise	Formulierungsvorschläge
1 Vorbereitung Akteure: Beteiligt sind die drei Verantwortlichen für Gesprächsleitung, Rednerliste und Ergebnisfixierung	**Thema:** Formulieren Sie knapp und klar die Themen- bzw. Fragestellung **Ziel:** Stellen Sie fest, was die Diskussion bringen soll: Meinungsaustausch, Positionsbestimmung, Konsensherstellung oder Klärung eines Sachverhalts **Regeln:** Legen Sie Verhaltensregeln fest → Seite 22 **Struktur:** Versuchen Sie, Standpunkte, Pro- und Kontra-Positionen sowie weiterführende Fragen vorauszudenken	
2 Durchführung Gesprächsleiter/in	**Eröffnung** Thema und Dauer: Benennen Sie den Gegenstand und die Dauer der Diskussion	Wir haben uns auf das Thema XY geeinigt und für die Diskussion die Dauer von xy Minuten angesetzt.
	Ablaufplan: Geben Sie Ablauf und Zweck der Diskussion bekannt	Zunächst sollen die beiden wichtigsten Positionen von X und Y vorgestellt werden, damit wir dann zusammen überlegen können, welche Lösungsmöglichkeiten bestehen.
	Regeln: Benennen Sie die Verhaltensregeln → Seite 22	In der letzten Diskussion ging es ja etwas chaotisch zu, deshalb schlage ich folgende Regeln für die heutige Diskussion vor ...
	Einführung: Umreißen Sie knapp die Themen- bzw. Fragestellung	Das Problem, um das es heute geht, steht im Zusammenhang mit ... Daraus ergibt sich folgende Ausgangsfrage (oder Zielsetzung) ...

Phasen und Akteure	Vorgehensweise	Formulierungsvorschläge
	Diskussionsverlauf	
Verantwortliche/r für die Rednerliste	**Rednerliste/ Worterteilung:** Führen Sie eine Rednerliste und rufen Sie die Teilnehmer namentlich auf	Damit jeder zu Wort kommt, führen wir eine Rednerliste; ihr kommt dann der Reihenfolge nach dran.
Gesprächsleiter/in	**Meinungsvielfalt:** Verdeutlichen Sie die Meinungsvielfalt, indem Sie unterschiedliche Positionen aufgreifen	Dazu hat XY eine ganz andere Meinung, an die ich für die weitere Diskussion noch mal erinnere.
	Neutralität: Halten Sie sich mit eigenen Wertungen zurück	Ich halte diese Meinungen beide für gerechtfertigt – was sagt ihr dazu?
Gesprächsleiter/in oder Verantwortliche/r für die Ergebnisfixierung	**Impulse:** Ermuntern Sie möglichst alle Teilnehmer zu Beiträgen	Wir können dazu kurz eine Blitzumfrage in der Runde machen.
	Strukturierung: Fassen Sie den Stand der Diskussion zwischendurch kurz zusammen und verweisen Sie auf die verbleibende Zeit	Wenn ich das richtig sehe, gibt es bisher zwei Meinungen dazu, nämlich ... Wir haben noch eine Viertelstunde Zeit und sollten deshalb jetzt auf den anderen Aspekt eingehen.
	Greifen Sie jeweils neue Aspekte auf	Hier wurde eben noch ein ganz anderes Argument genannt, nämlich ...
	Ordnen Sie die Positionen, erinnern Sie an Thema und Ziel der Diskussion	Ich erkenne im Moment drei Punkte, die wir diskutiert haben ... Das ist zwar ein interessanter Gesichtspunkt, macht aber ein ganz neues Fass auf ...
	Fordern Sie Begründungen ein	Eine interessante These – kannst du sie noch etwas genauer begründen?
	Störungen: Intervenieren Sie bei Regelverletzungen, Nebengesprächen und „Querdiskussionen“	Wir hatten uns darauf geeinigt, dass ... Euer Gespräch ist sicher spannend, aber könnt ihr das nicht in die gemeinsame Diskussion einbringen?
3 Abschluss	**Diskussionsende**	
Gesprächsleiter/in	Kündigen Sie das Ende der Diskussion an	Wir müssen in 10 Minuten schließen – wer möchte noch auf die Rednerliste?
Verantwortliche/r für die Ergebnisfixierung	**Fazit:** Fassen Sie die Ergebnisse zusammen und benennen Sie offen gebliebene Fragen	Als Ergebnis sehe ich folgende Punkte ... Offen geblieben ist Folgendes ...

Mit dem Portfolio das eigene Lernen reflektieren

KARIN VOLKWEIN

Über das eigene Lernen nachzudenken und darüber Wissen zu sammeln, hat viele Vorteile: Sie werden sich Ihrer Lernprozesse und -strategien bewusst und können diese besser planen, selbstbestimmter steuern und nachhaltiger gestalten. Wenn Sie systematisch über Ihr Lernen reflektieren, werden Sie sich Ihrer Stärken und Schwächen bewusst und sind in der Lage, Ihre eigenen Lernfortschritte und -ergebnisse selbst zu beurteilen. Sie finden heraus, was Sie wirklich interessiert, Ihnen Spaß macht und für Sie persönlich bedeutsam ist. Mit einem Portfolio können Sie dem Prozess des Nachdenkens über Ihr eigenes Lernen einen Rahmen geben, ihn organisieren und dokumentieren.

1. Ein Portfolio anlegen und strukturieren

Um ein Portfolio anzulegen, brauchen Sie zunächst zwei Dinge:

- eine **Sammelmappe**, in die viel hineinpasst und die Sie auch ästhetisch anspricht,
- einen **neuen Blick auf alle Produkte,** die Sie im Laufe eines Kurses, einer Unterrichtseinheit oder eines Projekts erarbeiten. Diese Produkte – und nicht nur die üblichen Tests und Klausuren – können Sie als Dokumente betrachten, die einen hohen Aussagewert über Ihren Lernprozess haben.

Sammeln Sie im Portfolio alle Produkte, die dokumentieren,

- wie Sie gearbeitet haben,
- welche Anstrengungen Sie unternommen haben, um die mit dem Produkt verbundenen Anforderungen zu erfüllen oder eine Aufgabe zu lösen,
- welche Fortschritte Sie bei der Bearbeitung gemacht haben,
- was Ihnen bei der Erarbeitung leicht oder aber schwer gefallen ist.

Tipp: **Viele Arten von Produkten kommen für ein Portfolio infrage:**
schriftliche Hausaufgaben, Mitschriften, Referate, gelöste Aufgabenblätter, Protokolle, Notizen aus Gruppenarbeiten, Vokabellisten, Begriffsdefinitionen, kommentierte Literaturlisten, Handouts, Wandzeitungen, Plakate, Wettbewerbsbeiträge, bearbeitete Texte, Filmbesprechungen in der Schülerzeitung, Sprechzettel, Zeichnungen, Experimentanordnungen, Fotos, Videos, Exzerpte, Lesetagebücher, Klausuren, Tests, selbst verfasste Gedichte und andere eigene Texte, Mindmaps, Facharbeiten etc.

Zusätzlich zu den Produkten, die direkt im Unterricht oder als Hausaufgabe entstanden sind, können Sie im Portfolio auch Arbeiten sammeln, die Sie **aus eigener Initiative** neben dem Unterricht erstellt haben – unverlangt, vielleicht aus eigenem tieferem Interesse am Thema oder aus einer spontanen Idee heraus.

Diese Sammlung allein macht aber noch kein Portfolio, denn ein unverzichtbarer Bestandteil sind die **Reflexionen**, die Sie anlässlich Ihrer Produkte formulieren und dann als Dokumente mit in die Mappe hineinnehmen. Ebenso gehören **Rückmeldungen** dazu, die Sie von anderen, also z. B. von Lehrern oder Mitschülern, hinsichtlich Ihrer Arbeiten bekommen.

Tipp: Sie können Ihr Portfolio mithilfe von Trennblättern unterteilen und strukturieren. Folgende Struktur hat sich bewährt:

- Inhaltsverzeichnis (das Sie fortlaufend ergänzen)
- Portfoliovorwort
- Produkte
- Reflexionstexte
- Rückmeldungen von anderen
- Nachwort/Resümee

2. Im Portfolio Lerndokumente sammeln und reflektieren

Einen Kurs auswählen

Es ist nicht sinnvoll, alles und jedes zu reflektieren, was Sie im Unterricht lernen. **Wählen** Sie deshalb ein Projekt oder einen Kurs aus, in dem Sie sich etwas Mehrarbeit zutrauen und von dem Sie wissen, dass dort demnächst ein interessantes Thema behandelt wird. Besonders geeignet ist ein Kurs, in dem Sie Freiräume für selbstständiges Arbeiten erwarten, ein Referat halten, eine Hausarbeit schreiben oder verschiedenartige Produkte anfertigen werden.

Den Zeitraum eingrenzen

Halten Sie zunächst den **Zeitraum überschaubar**. Sechs bis acht Wochen, in denen Sie kontinuierlich Lerndokumente sammeln und reflektieren, sind für den Anfang ideal. Diese bieten Ihnen einen begrenzten Zeitrahmen, in dem Sie sich vielleicht im Deutschunterricht mit einem spannenden Roman auseinandersetzen, im Biologieunterricht Flurbegehungen planen oder im Geschichtsunterricht die Wirren der Französischen Revolution behandeln. Später können Sie die Portfolioarbeit auf ein ganzes oder mehrere Halbjahre und andere Fächer ausweiten.

Die erste Reflexion verfassen

Wenn Sie sich für einen Kurs entschieden haben, stellen Sie Ihre erste (schriftliche) Reflexion an. Diese hat vor allem **vorausschauenden Charakter**. Wagen Sie Vorhersagen, was auf Sie zukommen mag. Werden Sie sich Ihrer eigenen Vorstellungen, Erwartungen und Ziele bewusst, die Sie in Bezug auf den bevorstehenden Unterricht und Ihr eigenes Lernen haben. Der Text ist der erste, den Sie in Ihr Portfolio einlegen. Er erinnert Sie später daran, was Sie sich unter welchen Bedingungen vorgenommen haben.

BEISPIEL

Leitfragen für die erste Reflexion

1. Welche Erwartungen habe ich an das Thema?

___

2. Was könnte interessant werden und was weniger interessant?

___

3. Welche Aufgaben und Herausforderungen kommen auf mich zu?

___

4. Was wird mir voraussichtlich leicht fallen?

___

5. Was wird mir voraussichtlich schwer fallen?

___

6. Wo sehe ich Spielräume für eigenes?

___

7. Was möchte ich erreichen?

___

8. Wie viel Zeit und Engagement möchte ich für die Arbeit aufbringen?

___

Eine Auswahl treffen und reflektieren

Portfolioarbeit bedeutet, dass Sie die im Laufe der Kursarbeit entstandenen Produkte nicht einfach in Ihrer Kursmappe ad acta legen, sondern jede Arbeit noch einmal **genauer anschauen** – vielleicht wie ein wohlwollender Forscher. Treffen Sie unter allen Produkten eine Auswahl, die für Ihr Lernen und Ihre Arbeit besonders aussagekräftig ist. Machen Sie sich klar, was der Anlass für das jeweilige Produkt war und wie Sie bei dessen Erarbeitung vorgegangen sind. Versuchen Sie zu formulieren, was Sie Neues gelernt haben und was Ihnen leicht oder schwer gefallen ist. Schätzen Sie schließlich ein, wo die Stärken und auch mögliche Schwächen dieser Arbeit liegen. Und überlegen Sie, ob Sie das nächste Mal bei einem ähnlichen Produkt genauso oder anders vorgehen wollen. Es ist wichtig, dass Sie die Reflexionen **möglichst zeitnah** zu den eigentlichen Arbeiten verfassen und so konkret wie möglich formulieren.

Es lohnt sich, für die Reflexionen ein Formular zu verwenden. Hier ein Beispiel (siehe auch → *Kopiervorlage, Seite 47*):

BEISPIEL

Titel des Produkts: Datum:

Der Anlass für die Erarbeitung des Produkts war:

Ich habe dieses Produkt für das Portfolio ausgewählt, weil:

Bei der Erstellung des Produkts bin ich folgendermaßen vorgegangen:

Neues, das ich gelernt habe:

Folgendes ist mir leicht gefallen:

Folgendes ist mir schwerer gefallen:

Ich finde an diesem Produkt gelungen/nicht gelungen:

Ich nehme mir für eine ähnliche Arbeit Folgendes vor:

Sie können den ausgefüllten Bogen vor das jeweilige Produkt heften, das Sie in Ihr Portfolio einlegen möchten. Es dient dann gleichzeitig als Deckblatt. In dieser Weise verfahren Sie mit allen von Ihnen für das Portfolio ausgewählten Arbeiten. Wenn Sie Rückmeldungen von Lehrern oder Mitschülern zu einem Produkt erhalten haben, nehmen Sie auch diese in Ihr Portfolio mit auf. So wächst das Portfolio im Laufe Ihrer Auseinandersetzung mit einem Kursthema und bekommt eine ganz individuelle Gestalt, die es von einer Kursmappe deutlich unterscheidet. Führen Sie parallel dazu das Inhaltsverzeichnis für Ihr Portfolio fort.

3. Die Portfolioarbeit abschließen

Am Ende der Portfolioarbeit heißt es, **Bilanz zu ziehen**. Anhand der gesammelten Produkte, Reflexionen und Rückmeldungen können Sie nun den Weg, den Sie im Lernen zurückgelegt haben, überblicken und beschreiben.

Ein Nachwort verfassen

Ihr persönliches Nachwort schließt als letztes Dokument das Portfolio ab. In diesem Text können Sie rückblickend den Weg skizzieren, den Sie in der Auseinandersetzung mit Ihrem Thema gegangen sind. In Ihrem Nachwort haben Sie die Möglichkeit, noch einmal auf besondere Produkte einzugehen und die zu würdigen, die am deutlichsten Ihre Bemühungen, Fortschritte und Leistungen zeigen. Sie haben auch die Möglichkeit, zu den Rückmeldungen anderer Stellung zu nehmen und Ihre Sicht darzustellen. Das Nachwort dient der **persönlichen zusammenfassenden Einschätzung** Ihrer Leistungen.
Wenn Sie mögen, können Sie Ihrem Portfolio zum Schluss einen Titel geben und das Deckblatt und den Einband künstlerisch gestalten.

Tipp: **Leitfragen für das Nachwort:**
- Wo sind Sie losgegangen?
- Was waren Ihre Ziele?
- Wo sind Sie angekommen?
- Was hat Ihnen besonders Spaß gemacht?
- Wofür haben Sie ein ganz besonderes Interesse entwickelt?
- Was ist Ihnen leicht gefallen und was fällt Ihnen immer noch schwer?
- Welche Hürden haben Sie überwunden?
- Wie bewerten Sie im Rückblick Ihre Leistungen selbst?

Das Portfolio nutzen

Im Portfolio dokumentieren Sie, was Sie in einem Fach oder thematischen Bereich geleistet und welche Anstrengungen Sie unternommen haben, um Ihre eigenen Ziele und die Ziele des Unterrichts zu erreichen. Wenn Sie das Portfolio darüber hinaus in mehreren Fächern und über mehrere Semester hinweg führen, erhalten Sie schließlich eine sehr individuelle Dokumentation Ihres Bildungsganges. Die Erfahrungen, die Sie dabei gemacht haben, sind auch für andere wertvoll und können wichtige Anregungen geben, wie das Lernen organisiert, strukturiert und bewältigt werden kann. Das Portfolio ist aus diesem Grund auch keine reine Privatsache. Es ist eigentlich dafür gedacht, dass Ihre Lernstrategien, Bemühungen und Lernleistungen auch für andere sichtbar und nachvollziehbar werden. Das Portfolio ist eine gute Basis, um mit Mitschülerinnen und Mitschülern, Lehrenden oder auch Eltern über Ihr Lernen ins Gespräch zu kommen und stellt, wenn Sie es über einen längeren Zeitraum führen, eine inhaltsreiche und aussagekräftige Grundlage für Bewerbungen dar.

Projektarbeit

WOLFGANG EMER/FELIX RENGSTORF

Bei der Projektarbeit können Sie – mehr als in den anderen Lernformen – Unterricht mitgestalten, eigene Interessen einbringen und so für Sie spannende Themen behandeln. Im Projektunterricht öffnet sich die Schule durch Kontakte nach außen. Er ist auf selbstständiges Handeln und die Erarbeitung eines Produkts bzw. einer Darbietung hin angelegt. Teamarbeit und die Bereitschaft, Verantwortung zu übernehmen, sind wichtige Voraussetzungen. Projektarbeit erlaubt Ihnen, bisher ungenutzte Talente zu zeigen und bereitet zudem auf die Berufswelt vor, in der heute viele Aufgaben in Form von Projekten organisiert werden.

1. Projektarbeit – eine Alternative zum normalen Unterricht

Projektarbeit eignet sich für eine Vielzahl thematischer Fragestellungen und findet oft fächerübergreifend statt, da Methoden und Inhalte verschiedener Gebiete berührt sind. Es gibt Theater-, Musik-, Literatur-, Radio-, Film- und Foto-Projekte, Projekte mit historischer, pädagogischer, ökologischer, biologischer oder ernährungswissenschaftlicher Themenstellung, und dies sind nur einige Beispiele. Ebenso vielfältig sind die Formen, mit denen die Arbeitsergebnisse des Projekts präsentiert werden können: Ausstellungen, Zeitungen, Aufführungen/Performances, Lesungen, Vorträge usw.
Ihr Produkt können Sie durch eine ansprechende Präsentation im Rahmen der Schulöffentlichkeit vorstellen. Durch Kontakte zu Institutionen außerhalb der eigenen Schule lässt sich oft auch eine größere Öffentlichkeit erreichen.
Im folgenden Beispiel erarbeitete eine Schülergruppe als Produkt eine historische Stadtführung.

BEISPIEL
Ein gelungenes Projekt: Bielefeld im Zweiten Weltkrieg – ein Stadtrundgang

In ihrem Geschichts-Kurs beschäftigten sich Bielefelder Schüler mit dem Dreißigjährigen Krieg. Dabei entstand die Idee, das Thema „Krieg und Frieden“ näher zu untersuchen. Die Geschichte der eigenen Region sollte den Bezugspunkt bilden. Viele Fragen standen im Raum: Wie war die Situation zu Kriegszeiten in Bielefeld? Welche Spuren könnten noch zu finden sein oder wieder sichtbar gemacht werden? Wie wirkt sich Frieden aus?
Der **Plan** wurde gefasst, in einer zweiwöchigen **Projektphase** den eigenen Lebensort – bezogen auf die Zeit des Zweiten Weltkriegs – zu erkunden.
Die Schüler beschlossen, als **Produkt** einen Stadtrundgang in Form eines Readers zu erarbeiten. Dieser sollte später auch von anderen Kursen und Schulen benutzt werden können.
Wie kam das Produkt dann zustande? Zuerst war die Planungskompetenz des Lehrers gefragt: Er organisierte einen vorläufigen Rundgang zu für den Zeitabschnitt 1939-1945 wichtigen Orten und Gebäuden. Außerdem meldete er die Gruppe im Stadtarchiv an, wo der Archivar interessante Einblicke in Quellen gab.
Die Schüler einigten sich darauf, einige Orte und Bauwerke auszuwählen, in **Kleingruppen** deren Geschichte zu erforschen und die Ergebnisse im Stadtrundgang-Reader zu dokumentieren. Um die Einheitlichkeit und Anschaulichkeit des Produkts zu gewährleisten, überlegten sie sich Recherche- und Layout-Vorgaben.
Die **Präsentation** des Readers und ein gemeinsamer Stadtrundgang, bei dem jede Kleingruppe ihren Abschnitt vorstellte, bildeten den Projektabschluss. In der Folgezeit leiteten die Schüler zwei Stadtführungen mit auswärtigen Gruppen. Bei einem Geschichtswettbewerb wurden sie für ihr Projekt mit einem Preis ausgezeichnet.

2. Wie kann ein Projekt gelingen?

Thema finden

Wählen Sie ein Thema, das ein **Problem aus Ihrem Erfahrungsbereich** aufgreift, Sie selbst beschäftigt und eine bestimmte gesellschaftliche Bedeutung hat.

Gruppe herstellen

Projektarbeit ist keine Einzelleistung. Die **funktionsfähige Gruppe** ist der Handlungsrahmen: Sie muss hergestellt und gepflegt werden. Nehmen Sie sich darum ausreichend Zeit für Gespräch, Diskussion und die Abstimmung der Verantwortungsbereiche. Tauschen Sie gleich zu Beginn E-Mail-Adressen und Telefonnummern aus, damit die **Kommunikation** gut anläuft.

→ *„Kleingruppenarbeit“*

Rollen wechseln

Sie haben die Chance, den Projektunterricht **verantwortlich mitzugestalten**. Dabei ist ein Rollenwechsel von **Lehrer und Schülern** entscheidend: Der Lehrer/die Lehrerin steuert weniger und ist im Prinzip der „älteste Teilnehmer“. Sie als Schülerinnen und Schüler können umso mehr **Leitungs-, Organisations-, Experten- und Vermittlungsfunktionen** übernehmen. Andererseits muss die Lehrkraft weiterhin ihre Planungs- und Sachkompetenzen einbringen und sollte sich nicht zurückziehen nach dem Motto „Nun macht ihr mal!“.

Forschungsfrage bestimmen

Für die Projektarbeit reicht es nicht, dass Sie sich ein bestimmtes Handlungsziel setzen, wie beispielsweise bestimmte Tanzschritte zu erlernen. Es geht darum, **mit dem eigenen Handeln etwas zu erforschen,** z. B. Bewegungsabläufe oder die Bedeutung des Tanzes in der Gesellschaft. Damit finden Sie auch einen „roten Faden“ für die inhaltliche Auseinandersetzung. Überlegen Sie, welche Inhalte und Methoden aus verschiedenen Fächern Ihnen bei der Erforschung Ihrer Fragestellung helfen können.

Verlauf planen

Zu Ihrer neuen Verantwortlichkeit gehört, dass Sie **mitplanen und -entscheiden**. In einem **Projektvertrag** zwischen Ihnen und dem Lehrer bzw. der Lehrerin können Themenstellung, Aufgaben, Zuständigkeiten und Ziele vereinbart werden.

Kontakte knüpfen

Projekte werden spannender durch **Kontakte** zu Gruppen oder Institutionen außerhalb der Schule, die in einer Beziehung zu Ihrem Thema stehen. Hier können Sie kompetente Gesprächspartner finden und wertvolle Informationen und Materialien erhalten.

Produkt herstellen

Ein gelungenes Produkt setzt voraus, dass Sie es erstens selbst für sinnvoll halten und sich damit **identifizieren** können und dass sich zweitens auch andere dafür interessieren können. Das Produkt sollte also vorzeigbar und nützlich sein sowie einen Mitteilungswert haben.
Berücksichtigen Sie dabei folgende Leitfragen:

- Wer interessiert sich für das Produkt und warum?
- Was bewirkt und verändert das Produkt, wozu ist es nützlich?

Spaß und Frust

Projektarbeit macht Spaß – wenn auch nicht immer und jederzeit. Meist gibt es eine **Lust-Frust-Kurve**, die Sie durch regelmäßige „Manöverkritik“, durch Nachdenken über die Probleme und eine Diskussion positiv beeinflussen können. Sehr hilfreich ist eine von Zeit zu Zeit stattfindende Beratung mit dem betreuenden Lehrenden.

3. Wie ein Projekt ablaufen kann

Ein Projekt verläuft in mehreren Phasen mit jeweils besonderen Anforderungen, die je nach Themenstellung verschieden ausfallen können. Wenn Sie an der Themenfindung nicht beteiligt sind (z. B. weil es vorgegeben wurde), beginnt für Sie der Einstieg in der Planungsphase (1. Tag). Der unten stehende idealtypische Verlaufsplan bezieht sich auf ein einwöchiges Projekt.

INFO KOMPAKT

Verlaufsplan für die Projektphasen

Zeitpunkt/Dauer	Phase	Handlungsschritte: Was ist zu tun?
Vor dem Start einige Wochen vor Projektbeginn	Initiierungsphase	▸ Thema überlegen ▸ Initiatoren finden (bei Mitschülern und einer Lehrkraft Interesse für Ideen wecken) ▸ Vorplanungsgruppe bilden (2–3 Schüler) ▸ mit der Lehrkraft zur Vorbesprechung treffen ▸ eine Projektskizze entwerfen (→ Seite 32)
Während des Projekts 1. Tag	Planungsphase	▸ evtl. mit einem passenden Film oder Zeitungsausschnitt einleiten ▸ Themenstellung und -aspekte präzisieren ▸ individuelle Forschungsfragen sammeln, dann gemeinsam die zentrale Forschungsfrage formulieren ▸ Produkt bestimmen (z. B. Stadtrundgang, Theateraufführung, Filmvorführung, Fotoausstellung, Radio-Feature, Lesung usw.) ▸ Zielgruppe/Adressaten für das Produkt benennen ▸ Kompetenzen erfragen, Kleingruppen bilden, Aufgabenverteilung festlegen ▸ Arbeitsmethoden und -orte vereinbaren ▸ Zeit- und Materialplan (Projektplan) erstellen
2.–4. Tag	Durchführungsphase	▸ Material erkunden und beschaffen ▸ Material auswerten und bearbeiten ▸ Gruppe koordinieren und Arbeit reflektieren ▸ das Produkt erstellen (z. B. Materialien auswählen und aufbereiten, Begleittexte schreiben, Darbietung einüben usw.)
5. Tag	Präsentationsphase	▸ für das Produkt werben ▸ das Produkt präsentieren/kommunikativ vermitteln
Nach dem Projekt 2–3 Stunden	Auswertungsphase	▸ das Produkt bewerten ▸ die Wirkung beurteilen ▸ den eigenen Arbeitsprozess und den der Gruppe bewerten ▸ evtl. über Fortsetzung nachdenken

4. Planungshilfe – oder: Wie initiiere ich selbst ein Projekt?

Wenn Sie den Anstoß für ein Projekt geben wollen, ist es hilfreich, eine kleine Vorplanungsgruppe zusammenzutrommeln und gemeinsam eine **Projektskizze** zu erstellen. Diese kann dann als Grundlage dienen für das Gespräch mit einem Lehrer oder zur Vorlage bei einer Konferenz und schließlich für die Planung mit der ganzen Projektgruppe.
Hier finden Sie einen Fragebogen für die Projektskizze.

BEISPIEL

Projektskizze

1 Projekttitel und Veranstalter/Verantwortliche:

2 Projektbeschreibung
- Welches Thema/Problemfeld soll mit welchen Zielen bearbeitet werden?
- Welche gesellschaftliche Relevanz und welche Bedeutung für Ihre Lebenspraxis hat das Projekt?
- Was soll getan werden?
- Zu welchem Produkt führt die Projektarbeit?
- Wozu kann das Produkt beitragen/nützlich sein?

3 Bedingungen/Voraussetzungen
- Für welche Gruppe bzw. Altersstufe ist das Projekt gedacht?
- Welche inhaltlichen und materiellen Voraussetzungen sind gegeben?

4 Bezug zur Region
- Bestehen Kontakte zu Institutionen, Personen, Orten außerhalb der Schule?
- Welche wären sinnvoll?

5 Beteiligte Fächer und integrierte Methoden und Inhalte
- Welche fachlichen Elemente (Erkenntnisse, Theorien und Methoden) werden eingebracht?
- Welche Fächer sind für das Projekt wichtig?
- Welches Wissen wird vorausgesetzt, welches angewendet und welches erworben?

6 Projektplanung/Projektablauf
- Welche Phasen/Arbeitsschritte sind vorstellbar?

7 Produkt und Vermittlung
- Welche Produktform ist geplant?
- Welchen Gebrauchswert hat das Produkt?
- Wem soll das Produkt wie und wann vermittelt werden?

Raus aus der Schule – Der Besuch von Museen und Ausstellungen

UWE HORST/KARL PETER OHLY

Manchmal ist es gut, den normalen Gang der Dinge in der Schule zu unterbrechen, zum Beispiel mit einem Ausflug in ein Museum oder eine Ausstellung. Falls Ihr Lehrer/Ihre Lehrerin nicht schon selbst auf die Idee gekommen ist, sollten Sie ihn oder sie mit guten Argumenten und konkreten Vorschlägen dazu anregen, denn im Museum wird abstraktes Wissen anschaulich und anhand dreidimensionaler Objekte sinnlich erfahrbar. Inhalte können auf andere, vielseitigere Weise erschlossen und vermittelt werden als in der Schule. Mit einer Vor- und Nachbereitung runden Sie Ihren Besuch ab und verstärken den Lerneffekt.

1. Lernvorteile in Museen und Ausstellungen

- Museen und Ausstellungen widmen sich meistens einem speziellen Themenbereich und verfolgen den Anspruch, diesen umfassend und vielseitig zu präsentieren. Die Inhalte basieren auf dem **aktuellen Wissensstand** und sind für Besucher **verständlich aufbereitet**. Daher können Sie bei Ihrem Besuch fast mühelos einen **guten Überblick** über das Thema gewinnen.
- Museen und Ausstellungen präsentieren **Objekte**, also Gegenstände, denen ein hoher Bedeutungswert oder z. B. aufgrund ihrer Seltenheit, auch großer materieller Wert zukommt. Originale Objekte, die man sonst nur aus der Literatur oder von Abbildungen her kennt, sind im Museum als Exponate **exklusiv zugänglich**. Oft handelt es sich um materielle Überlieferungen vergangener Zeitalter oder Epochen, wie z. B. Skelette ausgestorbener Tierarten, historische Gewänder oder alte Briefe. Für heutige Betrachter besitzen diese historischen Überreste meistens einen hohen Faszinationswert.
- Anhand der Objekte werden **abstrakte Inhalte greifbar gemacht**. Indem Bezüge zwischen den Ausstellungsstücken hergestellt werden, erschließen sich **komplexe Zusammenhänge**.
- Museen und Ausstellungen nutzen **lebendige und abwechslungsreiche Präsentationsformen**. Sie haben daher die Möglichkeit, bei Ihrem Besuch unterschiedliche Zugänge zu einem Thema zu finden. Daraus ergeben sich auch neue Lernimpulse.
- Museen und Ausstellungen zeigen fast immer unbekannte und überraschende Aspekte an einem Thema auf. Entgegen der Standarderwartung, dass Museen eher langweilig sind, können Sie also **Neues entdecken**.
- Museen und Ausstellungen zeichnen sich meistens durch eine vielseitige Darstellung sowie eine große Bandbreite an Exponaten aus. Daher bieten sie eine gute Möglichkeit, **eigene Recherchen** durchzuführen. Voraussetzung hierfür ist, dass Sie bereits thematische Kenntnisse mitbringen und sich im Vorfeld überlegen, was genau Sie herausfinden möchten.

Tipp: **Wann und warum ins Museum?**

Als Einstieg ins Thema zu Beginn einer Unterrichtseinheit:
- Sie bekommen eine fundierte Einführung und Anregungen für die weitere Bearbeitung.

Während der Unterrichtseinheit:
- Sie können Ihren persönlichen Interessen folgen und eigene Recherchen durchführen.

Als „krönenden Abschluss“:
- Sie vertiefen Ihr Unterrichtswissen und runden damit die Lerneinheit ab.

INFO KOMPAKT

Lernen in Museen und Ausstellungen

einen verständlichen Einstieg ins Thema finden

originalen Objekten begegnen

einen fundierten Überblick bekommen

Neues entdecken

an konkreten Gegenständen lernen

Thema anschaulich aufbereitet

neuester Wissensstand

lebendige und abwechslungsreiche Präsentationsformen

Museen und Ausstellungen

Inhalte plastisch statt abstrakt

durchdachte und vielseitige Darstellung

ansprechende Gestaltung

eigene Recherchen durchführen

neue Impulse für die Beschäftigung mit dem Thema erhalten

überraschende Einsichten gewinnen

komplexe Zusammenhänge erkennen

Wissen vertiefen

ein Unterrichtsthema mit besonderen Eindrücken verknüpfen

2. Gut vorbereitet sieht man mehr – Internetrecherche

Die meisten Museen bzw. Ausstellungen präsentieren sich heute mit einer eigenen Website – eine ideale Möglichkeit, sich schon von zu Hause oder der Schule aus genauer zu informieren. Über eine Suchmaschine wie z. B. Google lässt sich die korrekte Adresse leicht herausfinden.

Überlegen Sie, was Ihr Interesse an der Ausstellung/dem Museum ist, und gehen Sie dann mit Ihrem eigenen „Kompass" die Informationen auf der Website gezielt durch. Das Beispiel zeigt, nach welchen Kriterien sich Ihre Vorbereitung strukturieren lässt.

BEISPIEL

„Kompass" für die Recherche auf der Museums-/Ausstellungs-Website

Ausstellung	▸ Welches **Thema** wird behandelt? ▸ Welche **Schwerpunkte** werden gesetzt? ▸ Wie ist der **Aufbau** gegliedert? ▸ Welche **örtliche/zeitliche Eingrenzung** gibt es? ▸ Welche **besonderen Objekte** werden gezeigt?
Mein/unser Interesse	▸ Was sind meine/unsere eigenen **Rechercheinteressen und Schwerpunkte** für eine Vertiefung? ▸ Was will ich/wollen wir **unbedingt ansehen**? ▸ Was will ich/wollen wir **nicht ansehen** (da bekannt oder vom Thema wegführend)? ▸ Welche **neuen/überraschenden Aspekte** sind erkennbar?
Erreichbarkeit	▸ Wie sind **Lage und Verkehrsverbindungen**? ▸ Wie sind die **Öffnungszeiten**? ▸ Gibt es eine **Fotoerlaubnis**? ▸ Wie sind die **Eintrittspreise** bzw. gibt es Ermäßigungen?
Planung	▸ Wer übernimmt welche **Aufgaben** bzw. bereitet welchen Abschnitt vor? ▸ Haben innerhalb einer **Arbeitsgruppe** alle dieselben Aufgaben oder herrscht Arbeitsteilung? ▸ Sollen **Auswertungsbögen** angefertigt werden?

3. Vor Ort – im Museum/in der Ausstellung

Erste Orientierung finden

Machen Sie einen kurzen Gang durch die ganze Ausstellung. So erfassen Sie den Gesamtumfang und bekommen, ergänzend zu Ihren Vorrecherchen, einen Überblick über besonders interessante Exponate und Abteilungen. Meistens sind auch kostenlose Faltblätter mit Kurzinformationen erhältlich.

Eigenen Schwerpunkten folgen

Befassen Sie sich – je nach eigenen Interessen oder vereinbarten Schwerpunkten – mit einzelnen Abschnitten intensiver, mit anderen nur kurz oder gar nicht. Ein gleichmäßiger Besuch aller Abteilungen übersteigt meistens die Aufnahmekapazität. Museumsbesuche sollten nicht länger als zwei Stunden dauern, es sei denn, Sie legen zwischendurch eine ausführliche Pause ein.

Ein eigenes Urteil bilden

Machen Sie Notizen und, wenn erlaubt, mit der Digitalkamera einige Objekt-Fotos als Belegbeispiele. Dies hilft bei der späteren Auswertung und Vorstellung in der Klasse/im Kurs.
Die Auswertung erfolgt anhand von drei Leitfragen. Schon vor dem Besuch kann ein **Auswertungsbogen** mit diesen Fragen hergestellt und an alle verteilt werden:

- Welche Exponate sind für mich interessant und warum?
- Wie ist die Ausstellung inhaltlich konzipiert (Grundpositionen, Objektauswahl)?
- Wie wurde das Ausstellungskonzept gestalterisch umgesetzt (Anteil an Originalen, Texttafeln und Fotos, Rekonstruktionen/„Inszenierungen")?

Tipp: Stellen Sie sich (nach dem individuellen Rundgang) innerhalb einer kleinen Gruppe gegenseitig Ihre persönlichen „**Highlights**" vor: das beeindruckendste und informativste oder auch das unpassendste und langweiligste Objekt. Diskutieren Sie über die Gründe Ihrer Auswahl. Diese Diskussion kann auch später im Plenum geführt werden.

INFO KOMPAKT

Beispiel für zwei Ausstellungstypen

Gegenstand **historisch-politischer Ausstellungen** sind Menschen, ob aktiv-handelnd oder passiv-leidend, und dieser Gegenstand ist prinzipiell nicht ausstellbar. Daher wird auf die Überreste des vergangenen Geschehens zurückgegriffen, also beispielsweise schriftliche Quellen oder Sachgegenstände und Fotos. Diese sind Erinnerungsträger, die Menschen und Ereignisse der Vergangenheit repräsentieren. Als Überreste sind sie aus ihrem ursprünglichen Lebenszusammenhang gerissen, der von den Ausstellungsmachern (Historikern) erst wieder rekonstruiert werden muss. Daher stellt eine historisch-politische Ausstellung immer auch eine Interpretation dar, die auf dem heutigen wissenschaftlichen Kenntnisstand und gegenwärtigen Sichtweisen beruht. „Stumme" Objekte, wie z. B. historische Alltagsgegenstände, müssen durch Erläuterungen und Bilder „zum Sprechen gebracht" und abstrakte Begriffe wie „Diktatur" oder „Antisemitismus" veranschaulicht werden.

Historisch-politische Ausstellungen zeigen beispielsweise das Haus der Geschichte der Bundesrepublik Deutschland in Bonn (www.hdg.de), die Stiftung Denkmal für die ermordeten Juden Europas (www.stiftung-denkmal.de) oder das DDR Museum in Berlin (www.ddr-museum.de).

Als Beispiel für **naturwissenschaftliche Museen** sei hier das Neanderthal-Museum in Mettmann (www.neanderthal.de/) mit seiner Sammlung zur Evolution des Menschen genannt. Manche naturwissenschaftliche Museen erlauben den Besuchern auch eigene Experimente wie z. B. Phänomania in Essen (www.phaenomania.de/essen/index.php).

4. Nachbereitung eines Museums- oder Ausstellungsbesuchs

Im Plenum findet die gegenseitige Vorstellung der Themenschwerpunkte statt. Überlegen Sie, was Sie Neues gelernt und welche Impulse Sie zur weiteren Beschäftigung mit dem Thema erhalten haben. Mithilfe des vorab verteilten Auswertungsbogens können Sie danach über die inhaltlichen Positionen und die formale Gestaltung der Ausstellung diskutieren.

Interviewleitfaden – Konstruktion und Anwendung

UWE HORST

„Da fragen wir doch mal die Leute!“ ist ein Vorschlag, der schnell auf den Tisch kommt, wenn es darum geht, die Meinung und Einstellung der Menschen zu einem (kontroversen) Thema zu erfahren. Ein guter Vorschlag – aber wie lässt er sich umsetzen, wie formuliere ich am besten die Fragen, um ehrliche Antworten zu erhalten, wie trete ich gegenüber einem Interviewpartner auf, und wie kann ich eine solche Befragung sinnvoll auswerten? Dieser Artikel beantwortet diese Fragen, indem er die Konstruktion, Anwendung und Auswertung eines Interviewleitfadens am Beispiel des Themas Rechtsextremismus vorstellt.

1. Interviewtypen – ihre Vor- und Nachteile

Für den schulischen Zusammenhang gibt es im Prinzip drei Typen von Interviews, die sich vor allem nach den Freiräumen in der Kommunikation zwischen dem Interviewer und dem Befragten unterscheiden und verschiedene Vor- und Nachteile haben. Das Interview mit dem Leitfaden eignet sich z. B. zur Erfassung von Informationen und Meinungen zu einem Thema.

INFO KOMPAKT

Interviewtypen

Interviewtyp	Vor- und Nachteile
1 Interview mit einem Fragebogen ▸ stark strukturiert: die einzelnen Fragen und möglichen Antworten sind genau vorgegeben (z. B. Schema: ja/nein/weiß nicht und trifft zu/trifft teilweise zu/trifft nicht zu)	+ eignet sich für klar umgrenzte Themen + leicht auszuwerten wegen Standardisierung – beschränkt auf vorgesehene Antwortmöglichkeiten
2 Interview mit einem Leitfaden ▸ weniger strukturiert: einzelne Fragekomplexe mit Leit-/ Unterfragen sind vorgegeben, die freie Antworten und Nachfragen zulassen	+ eignet sich für allgemeinen Überblick und Meinungen zu einem Thema + lässt weiterführendes Gespräch mit Interviewpartner zu + ermöglicht neue, vom Interviewer bisher nicht bedachte Aspekte in das Gespräch einzubringen – schwierig auszuwerten wegen offener Antworten
3 Offenes Interview ▸ unstrukturiert: nur das Thema ist vorgegeben, der Befragte kann frei erzählen bzw. berichten, Nachfragen möglich	+ eignet sich für Interviews zur Lebensgeschichte oder einem größeren Ereigniszusammenhang + Befragter bestimmt Themenauswahl und -gewichtung – schwierig auszuwerten wegen fehlender Standardisierung

2. Die Konstruktion eines Interviewleitfadens zum Thema Rechtsextremismus

Für das Beispiel wird angenommen, dass es sich um einen Ort handelt, in dem in jüngster Zeit rechtsextreme Aktivitäten und Aggressionshandlungen gegen Ausländer stattgefunden haben und wo an Schulen und bei Jugendorganisationen die Frage nach geeigneten Gegenmaßnahmen diskutiert wird.

BEISPIEL

1. Untersuchungsgegenstand festlegen

Erste Voraussetzung bei der Konstruktion ist, dass Sie bereits Kenntnisse zum Interviewthema besitzen und wissen, was Sie fragen wollen.

Ziel: das Thema der Befragung genau bestimmen und eingrenzen

Dazu tragen Sie in der Klasse zusammen:

1. Ihr Wissen, Ihre Urteile (und Vorurteile) über den Rechtsextremismus allgemein und vor Ort:	▸ die rechtsextreme Szene ist v. a. männlich, gewaltbereit, ausländerfeindlich-rassistisch, ▸ entstammt sozial problematischen Verhältnissen, ▸ ist an Kleidung (bestimmte Marken), äußerer Erscheinung („Skins") und martialischem Auftreten, bestimmten Treffpunkten und Musikvorlieben zu erkennen, ▸ die Szene vor Ort ist nur zufällig-unsystematisch bekannt, ▸ Schulen beschäftigen sich nur theoretisch damit
2. allgemeine Informationen aus Literatur/Schulbüchern/Internet:	
- Begrifflichkeit	▸ rechtsextrem = verfassungsfeindlich, außerhalb des GG, keine klare Abgrenzung zu ▸ rechtsradikal = verfassungsmäßig im Rahmen der Meinungsfreiheit geduldet
- Personengruppen	▸ zunehmend auch sog. Modernisierungsverlierer aus der Mitte der Gesellschaft
- ideologische Einstellung	▸ Nationalismus, Rassismus, Fremdenfeindlichkeit, autoritär-antidemokratisch
- Verbreitung	▸ z. B. nach Verfassungsschutzberichten der Länder
- soziale Erscheinung	▸ z. B. Flugblätter, Konzerte, Graffiti, Gewaltaktionen etc., ▸ Trend des Einsickerns rechter Labels, Musik, Kleidungsmarken in die allgemeine Jugendszene = erschwert Abgrenzung
3. die betroffenen Personengruppen, Einrichtungen und deren Positionen/Sichtweisen:	▸ Rechtsextreme schwer zugänglich, eher Umfeld/Grauzone; ▸ Schulen (Leitung, Lehrer, Schüler) oft gleichgültig und hilflos, ▸ Einrichtungen (Gemeindevertreter/Politiker, Polizei, Jugendamt, Jugendtreffs) meist kooperativ, z. T. oberflächliche Phänomenbekämpfung

2. Problembeschreibung
Auf der Grundlage der zusammengetragenen Sachpunkte können Sie nun eine präzise Problembeschreibung Ihres Interviewthemas vornehmen.

Ziel: die anschließende Hypothesenbildung als Voraussetzung zur Formulierung der Fragen

- keine klare Abgrenzung des rechtsextremen Personenkreises, aber Treffpunkte und Aktivitäten, mit denen diese Gruppierung versucht in die Jugendszene einzusickern (Discos, Konzerte, Läden etc.).
- Die Reaktionen von Schulen und Behörden sind diffus und zögerlich.
- Aufgrund der aktuellen Vorfälle (Auftreten/Treffen rechtsextremer Personen in bestimmter Lokalität, Belästigung/gewaltsame Aggression gegen Ausländer, Verteilung entsprechender Propaganda und von CDs) ist eine gründliche und systematische Beschäftigung mit dem Problem des Rechtsextremismus vor Ort angezeigt: Präzise Beschreibung des Personenkreises, seiner Motive, Einstellungen und Aktivitäten, Planung möglicher Aktivitäten in Schulen und bei Behörden/Institutionen.

3. Hypothesenbildung
Aus der Gegenstands- und Problembeschreibung können Sie jetzt einzelne Problembereiche zum Interviewthema ableiten.

Ziel: Fragen für den Leitfaden formulieren

- „Anfälliger“ Personenkreis	▸ überwiegend Jugendliche mit prekärer sozialer Situation (familiärer Hintergrund, Arbeitslosigkeit) und oft geringem Bildungsstand, ▸ im Zuge der Globalisierungseffekte zunehmend auch Personen aus der Mitte der Gesellschaft („Modernisierungsverlierer“)
- Identifizierbarkeit	▸ bestimmte Verhaltensweisen (Provokation, Gewalt), ▸ Kleidungsstil (bestimmte Marken), ▸ Treffpunkte
- Einstellung	▸ Kombination meist mehrerer Merkmale: Nationalismus, Fremdenfeindlichkeit, Rassismus, autoritär-antidemokratische Politik- und Gesellschaftsvorstellungen, Antisemitismus, Pro-Nazismus
- Schulen/Bildungseinrichtungen	▸ reagieren aus Unkenntnis/Furcht oft hilflos und undifferenziert
- offizielle Stellen	▸ Lokalpolitiker und Polizei bekämpfen häufig eher das Erscheinungsbild als die tiefer liegenden anzugehenden Ursachen

4. Fragenformulierung
- jede Hypothese in eine oder mehrere Fragen **umformulieren**
- insgesamt nicht mehr als **15 bis 20 Einzelfragen** formulieren → Zeit des Interviews max. 1,5 Stunden
- **neutrale und offene Formulierung** der Fragen
- jeden Fragenkomplex möglichst mit einer **konkreten Frage** beginnen (die befragte Person kann sich in das Thema eindenken), dann **offene Fragen** stellen (erfordern mehr Denkanstrengungen)
- Stichworte für **Nachfragen** ergänzen

3. Der fertige Interviewleitfaden

BEISPIEL

Personen/Ursachen
1. Kennen Sie Personen, die Sie zum Kreis der rechtsextremen Gruppierung rechnen?
2. Was wissen Sie zum sozialen und ökonomischen Hintergrund dieser Personen?
3. Welche schulische/berufliche Bildung haben die betreffenden Personen?

Erscheinungsbild/Verhaltensweisen
4. Woran erkennen Sie die betreffenden Personen (Kleidung, Auftreten, Verhalten, Äußerungen etc.)?
5. Welche rechtsextremen Aktivitäten in jüngster Zeit sind Ihnen bekannt?
6. Welche Musik bzw. Bands werden von diesen Personen bevorzugt?
7. Gibt es besondere Treffpunkte oder „Kultstätten" dieser Personengruppe, oder ist sie überall anzutreffen?
8. Gibt es organisierte Formen des Rechtsextremismus („Kameradschaften", Parteien, Vereine etc.) bei Ihnen?

Einstellungen
9. Bei welchen Gelegenheiten haben Sie Meinungsäußerungen rechtsextremer Personen gehört (Podium, Kneipe, Demo, Wahlveranstaltung etc.)?
10. Welche rechtsextremen Positionen oder „Lieblingsthemen" haben Sie dabei gehört?

Reaktionen von Schulen und Jugendorganisationen
11. Gibt es an Ihrer oder anderen Schulen rechtsextreme Erscheinungen (Schüler, Lehrer, anonyme Propaganda etc.)?
12. Wie schätzen Sie den Umgang mit dem Thema Rechtsextremismus an Ihrer oder anderen Schulen ein?
13. Wissen Sie von rechtsextremen Erscheinungen in Jugendorganisationen vor Ort?
14. Kennen Sie bestimmte Aktivitäten der Schulen/Jugendorganisationen gegen rechtsextreme Erscheinungen?

Reaktion der lokalen Politiker, Sozialeinrichtungen, Polizei
15. Was wissen Sie über die Reaktionen dieser Institutionen?
16. Wie schätzen Sie das Verhalten, die Vorgehensweise dieser Institutionen ein?
17. Was müsste Ihrer Meinung nach getan werden (Aufklärung, Information, engere Zusammenarbeit, Aktionsbündnis etc.)?

4. Die Anwendung des Interviewleitfadens

Vorbereitung

Interviewpartner finden:

- sollten **thematisch** und **lokal/regional** zu den Fragen passen
- sollten bezüglich des Alters und Geschlechts sowie der sozialen, politischen und religiösen Einstellung möglichst **repräsentativ** sein

Das Interview vorbereiten:

- Interviewer sollten den Leitfaden **genau kennen** und den **Umgang mit dem Aufnahmegerät** beherrschen
- Interviewer sollten ein **Vorab-Telefongespräch** mit den Befragten führen und dabei auf die Wahrung der Anonymität verweisen

Durchführung

Umgang mit dem Interviewpartner:

- Das Interview sollte in einer für den Interviewpartner **vertrauten Umgebung** stattfinden
- In einer **„Aufwärmphase"** sollten die Interviewer sich und ihr Vorhaben noch einmal vorstellen, bevor sie mit dem Mitschnitt beginnen
- Die Haltung der Interviewer muss **neutral** sein, um Antworten nicht zu verfälschen
- **Nachfragen** bei unklaren oder unvollständigen Antworten sollten ebenfalls neutral formuliert werden

Auswertung

- **Mitschnitt** mit Namen und Datum versehen
- ein **Interviewprotokoll** anfertigen (Stimmung, visuelle/atmosphärische Eindrücke, ergänzende Materialien etc.)
- Zur Auswertung das Interview **verschriftlichen** (ggf. nur themenbezogene Aspekte, Zitate oder Kernaussagen notieren)

Zahlen, Daten, Fakten sind einfach zu interpretieren, weil in der Regel selbsterklärend. Schwieriger wird es bei **Meinungsäußerungen und Bewertungen**. Hier ist immer zu berücksichtigen, dass das Interview ein gemeinsames Produkt von Interviewer und Befragtem ist, d. h. die jeweiligen **Interessen und Absichten** der Beteiligten bedacht werden müssen. Der Interviewer muss sich fragen, inwieweit die Antworten mit den Hypothesen übereinstimmen. Was können die Ursachen für unerwartete Antworten sein, wie müssen Sie das interpretieren? Hat der Befragte sozial erwünschte Antworten gegeben, wollte er sich in einer bestimmten Weise darstellen, gibt es gesellschaftliche Konventionen, vorherrschende Meinungen oder gar Tabus, die bestimmte Äußerungen verhindern oder hervorgebracht haben?

Tipp: Eine **Darstellung der Ergebnisse** der verschiedenen Interviews kann nach der Gliederung des Leitfadens grafisch (bei Fakten und Zahlen, Gebietsangaben etc.) oder durch Zitate bzw. zusammenfassende Aussagen (bei Meinungsäußerungen und Bewertungen) geschehen.

Vortragstexte

(zum Kapitel „Mitschreiben und Mitschrift", Seite 13-16)

„Bildungschancen sind Lebenschancen"

„Bildung für alle" sei der Anspruch des Mitstreiters von Martin Luther gewesen, hob Bundeskanzlerin Angela Merkel bei dem Festakt zum 450. Todestag von Philipp Melanchthon hervor. „Dennoch ist die Chance auf Erfolg und Anerkennung in unserem Bildungswesen nicht für alle Kinder gleich." Ziel sei es, den Zusammenhang zwischen Herkunft und Bildung aufzubrechen.

Sehr geehrter Herr Ratsvorsitzender,
sehr geehrter Herr Bischof Müller,
sehr geehrter Herr Ministerpräsident,
liebe Vertreter der Ökumene,
sehr geehrte Damen und Herren,
wir sind heute zum Gedenken an Philipp Melanchthon zusammengekommen. Wir haben uns versammelt, um einen der größten Bildungsreformer unserer Geschichte zu würdigen.

Wir tun dies an einem ganz besonderen Ort: der Schlosskirche von Wittenberg, der Wiege der lutherischen Reformation. Hunderttausende kommen jedes Jahr, um die berühmte Tür zu sehen, an die Martin Luther seine Thesen gegen den Ablasshandel angeschlagen haben soll. Es kommen nicht nur Lutheraner oder Protestanten. Es kommen Menschen ganz unterschiedlicher Konfessionen und Glaubensrichtungen. Sie alle wissen: Die Reformation hat von hier aus die Welt für immer verändert. Sie schlug ein neues Kapitel des christlichen Glaubens auf. Sie war Teil eines breiten gesellschaftlichen Wandels.

Dieser Wandel ging einher mit einem Bildungsaufbruch ohne Beispiel. Neue Erkenntnisse prägten die Zeit. Erinnert sei nur an die Entdeckung Amerikas. Vor allem aber erhielten viel mehr Menschen Zugang zum Wissen. Das war ein Verdienst des Buchdrucks. Und es war ohne Frage ein Verdienst der Reformation, die die neue Technik zu nutzen verstand – wenngleich ich zustimme, wie es der Ratsvorsitzende eben gesagt hat: Man weiß nicht, was ohne Buchdruck aus der Reformation geworden wäre.

So sitzen wir heute hier über die Konfessionsgrenzen hinweg vereint – vereint auch in dem Wissen um die historische Bedeutung von Philipp Melanchthon. Er gehört zu den großen Deutschen. Als „Lehrer der Deutschen" ist er in unsere Geschichte eingegangen – als Praeceptor Germaniae. Und das, glaube ich, zu Recht. Denn Melanchthon war ein herausragender Gelehrter und Pädagoge. Er hat mit seinen Schulgründungen und Studienreformen wichtige Reformen angestoßen. Er sah in der Bildung die wichtigste Grundlage für alle Lebensbereiche. Bildung kommt bei ihm vor Frömmigkeit. Bildung ist der Schlüssel zur Mündigkeit. Sie verleiht einer Gemeinschaft Stärke.

Melanchthon war überzeugt: Jeder sollte die Bibel selbst lesen können und sich mit seinem Glauben auseinandersetzen. Die Reformatoren brachen mit der Interpretationshoheit der Geistlichen. Ziel war ein mündiger Christ. Die Grundlage dafür war ein gebildeter Mensch. Deshalb war Melanchthon unermüdlich – neben allem anderen, was er tat – an Schulgründungen beteiligt. Jedes Kind sollte eine elementare Bildung erhalten – unabhängig vom sozialen Stand. Denn vor Gott sind alle gleich.

Bildung für alle – so könnte man den Anspruch Melanchthons heute zusammenfassen. Das war für die damalige Zeit revolutionär. Und es war erfolgreich: Die Reformation sorgte für einen gewaltigen Bildungsschub. Die Menschen entwickelten eine neue Mündigkeit. Gebildeter und fester im eigenen Urteil konnten sie jetzt auf ganz andere Weise am Gottesdienst, an der Gesellschaft, am wissenschaftlichen und wirtschaftlichen Fortschritt teilhaben.

Bildung für alle – das ist für uns heute selbstverständlich. Jedes Kind geht zur Schule. Jeder junge Mensch hat die Möglichkeit, sich für eine Ausbildung oder ein Studium zu entscheiden, das ihm zusagt. Die Nutzung von Büchern, Zeitungen und Internet ist selbstverständlich. Wir verfügen über ein leistungsfähiges und international anerkanntes Bildungssystem mit vielfältigen Schulen, herausragender dualer Berufsausbildung und hochkarätigen Universitäten. Dieses Bildungssystem ist die Grundlage dafür, dass wir zu den politisch und wirtschaftlich führenden Industrienationen und zu einer der stabilsten Demokratien geworden sind.

Dennoch ist die Chance auf Erfolg und Anerkennung in unserem Bildungssystem nicht für alle Kinder gleich. Zu oft entscheidet Herkunft heute noch über den Schulabschluss, den Start in den Beruf oder den Erfolg im Leben. Zu viele Schülerinnen und Schüler in Deutschland können am Ende ihrer Schulzeit nur unzureichend lesen und rechnen. Ihnen fehlen die erforderlichen Kenntnisse und Fähigkeiten, um den steigenden Anforderungen in der Berufswelt gerecht zu werden.

Deshalb gibt uns Melanchthon einen Auftrag: Wir müssen es schaffen, dass der Zusammenhang zwischen Herkunft und Bildung aufgebrochen wird. Wir dürfen uns mit Bildungsarmut nicht abfinden. Bildung für alle – das ist auch Auftrag für uns heute. Denn gute Bildung ist der entscheidende Schlüssel zu Selbstvertrauen und persönlichem Erfolg, auch im 21. Jahrhundert. Sie ist ein Gebot der Gerechtigkeit und eine entscheidende Grundvoraussetzung für Demokratie, Wohlstand und Zusammenhalt der ganzen Gesellschaft.

Man kann es vielleicht noch einfacher sagen: Bildungschancen sind letztlich Lebenschancen. Dieser Zusammenhang wurde von allen großen Bildungsreformern unserer Geschichte aufgegriffen: vom Reformator Melanchthon, der sich für Bildung stark machte; von den Jesuiten, die für die katholische Kirche Schulen und andere Bildungsstätten einrichteten; vom Pietisten August Hermann Francke und seinen Franckeschen Stiftungen, die Kindern aus sozial schwierigsten Verhältnissen neue Perspektiven eröffneten; und auch von den aufgeklärten Gebrüdern von Humboldt. Sie alle wussten um die Bedeutung von Bildung. Genauso wie sie sind auch wir aufgefordert, diesem Credo nachzukommen.

Ich habe deshalb mit Bedacht anlässlich des 60. Jahrestages der Einführung der Sozialen Marktwirtschaft formuliert: „Wir müssen die Bildungsrepublik Deutschland werden". Dazu ist ein Konsens über den Wert der Bildung in den Familien nötig. Dazu benötigen wir Lehrende, die Schülern das nötige Rüstzeug vermitteln, aber auch Begabungen fördern. Und dazu müssen öffentlich die richtigen Voraussetzungen geschaffen werden.

In Deutschland gibt es oft Streit über die Kompetenzen in der Bildung. Ich glaube aber, dass sich die Menschen für diesen Streit nicht interessieren. Sie wollen vielmehr, dass wir die gleichen Bildungschancen für alle umsetzen. Deshalb ist es gut, dass Bund und Länder über die Ziele jetzt im Gespräch sind und dass wir uns zwischen Bund und Ländern auf gemeinsame Zielsetzungen verständigt haben und zehn Prozent unseres Bruttoinlandsprodukts bis 2015 für Bildung und Forschung ausgeben wollen.

Wir wissen, dass wir die vorschulische Sprachförderung verbessern müssen. Denn Sprache ist der Schlüssel für Bildung. Wir müssen benachteiligten Jugendlichen mehr Chancen eröffnen. Wir müssen dafür sorgen, dass Universitäten in Deutschland weiter eine führende Stellung in der Welt haben. Wir müssen die Bedingungen dafür schaffen, dass niemand aus finanziellen Gründen auf ein Studium verzichtet. Wir müssen die Qualität und den Bildungserfolg vor die herkömmlichen Strukturdebatten stellen. Bildungsqualität ist das Ziel, Schulstrukturen sind das Mittel dazu, nicht umgekehrt. Wir brauchen insgesamt mehr Durchlässigkeit, mehr Übergänge und Schnittstellen.

Das Bildungssystem darf keine Türen verschließen, sondern muss Türen öffnen – für jedes Kind.

Ebenso wichtig sind engagierte Lehrkräfte. Das wusste schon Philipp Melanchthon. Wenn wir heute sein Werk würdigen, dann auch stellvertretend für die Lehrer, die heute ihren Dienst mit großem Engagement versehen. Sie leisten einen harten Job, wie man heute sagt. Das ist heute nicht anders als damals.

Deshalb klingt die Rede Melanchthons über die Leiden der Lehrer ganz aktuell: „Wir sind von allen Sterblichen am übelsten dran", sagte er. Denn die Lehrer hätten die härteste Arbeit, lebten in kümmerlichen Verhältnissen und müssten sich auch noch mit Verachtung behandeln lassen, nicht nur von den Schülern, sondern auch von ihren Eltern. Das ist sicherlich sehr zugespitzt formuliert, wie die klare Sprache damals überhaupt ein Zeichen der Zeit gewesen zu sein scheint. Aber ich glaube, wir sind uns einig: Lehrer leisten eine unverzichtbare Arbeit, die oft über das, was bezahlt wird, hinausgeht. Deshalb ist an dieser Stelle auch ein Dankeschön an die Lehrer unserer Zeit angebracht.

Wir diskutieren derzeit viel über Verfehlungen von Pädagogen an Schulen, Internaten oder in Kinderheimen. Erschütternde Fälle wurden in den vergangenen Wochen bekannt. Da ist Aufklärung gefragt, schonungslos und offen. Da sind Konsequenzen zu ziehen. Und da ist Vorsorge gegen künftigen Missbrauch oberstes Gebot. Fest steht aber auch: Die große Mehrzahl der Pädagogen arbeitet ehrbar und verantwortungsbewusst. Sie haben das Vertrauen von Schülern und Eltern verdient und verdienen es auch weiter. Wir brauchen auch weiterhin engagierte und verantwortungsbewusste Lehrerinnen und Lehrer. Denn so, wie sich zur Reformationszeit die Welt wandelte, weil mehr Personen Zugang zur Bildung und zu Informationen hatten, so wandelt sich auch heute die Welt aufgrund einer neuen, einzigartigen Vernetzung von Wissen und Information.

Wir befinden uns mitten in einem globalen Wissensschub. Wissen ist in ganz anderen Dimensionen zugänglich. Neue Technologien erschließen ungeahnte Möglichkeiten. Wir müssen die Chancen, die daraus erwachsen, nutzen. Die erste Voraussetzung dafür ist Bildung, und zwar Bildung für alle. Wir dürfen keine einzige Begabung verschenken.

Oder, um es mit den Worten Melanchthons zu sagen: „Kein Bollwerk und keine Befestigung macht eine Stadt stärker als gebildete, kluge und mit anderen Tugenden begabte Bürger." 450 Jahre nach seinem Tod bleibt dieses Vermächtnis Philipp Melanchthons weiterhin gültig. Es sollte uns Auftrag sein, einen Teil dessen, was ihn geprägt hat, auch im öffentlichen Bereich umzusetzen.

Herzlichen Dank.

© 2010 Presse- und Informationsamt der Bundesregierung

Alexithymie – das Phänomen der Gefühllosigkeit

Im Folgenden werde ich mich mit dem Persönlichkeitsmerkmal der Alexithymie beschäftigen, der Gefühllosigkeit beim Menschen. Darunter leidende Menschen können Gefühle weder bei sich noch bei anderen richtig zuordnen. Um dieses Phänomen vorzustellen, werde ich zunächst den Begriff der Alexithymie genauer definieren, anschließend die Ursachen dieses Phänomens untersuchen und anhand eines Fallbeispiels verdeutlichen. Abschließend werde ich dann auf den aktuellen Stand der Diagnostik und möglichen Behandlungsmethoden näher eingehen.

Ich komme nun zu Punkt 1: Was ist Alexithymie? Der Begriff Alexithymie wird nicht als Krankheit verstanden, sondern als weit verbreitetes Persönlichkeitsmerkmal. Dieser Begriff wurde in den 70er-Jahren durch den Psychiater Peter Sifneos geprägt. Er setzte diesen aus den griechischen Wörtern *a*, *lexis* und *thymos* zusammen, was so viel wie „kein Wort für Gefühl" bedeutet. Alexithyme Menschen sind also Menschen, die nicht in der Lage sind, Emotionen bei sich oder anderen wahrzunehmen.

Wo liegen die Ursachen der Alexithymie? Viel ist hier noch nicht bekannt. Man geht davon aus, dass Menschen Gefühle nicht wahrnehmen können, weil sie es als Kind nie gelernt haben. Schon im Säuglingsalter lernt der Mensch, Gefühle etwa durch Mimik der Mutter wahrzunehmen. Bei manchen alexithymen Menschen kann ihr Leiden aber auch auf ein traumatisches Erlebnis zurückgeführt werden. Durch das Trauma passt sich das Gehirn insofern an, dass es sich vor dem bewussten Erleben weiterer negativer Emotionen bewahrt.

Dass solchen Menschen Gefühle nicht bewusst werden, soll unter anderem auch am Gehirn der Patienten liegen. In ihren Gehirnen ist das limbische System nicht richtig mit dem sogenannten präfrontalen Cortex vernetzt. Ich gehe kurz auf das limbische System ein: Dies ist eine funktionelle Bezeichnung für im Innern des Gehirns liegende Strukturen, die untereinander und mit anderen Hirnregionen durch Faserbündel verbunden sind, unter anderem der Hippocampus oder der Mandelkern. Das limbische System spielt eine übergeordnete Rolle bei der Steuerung vegetativ-nervöser und hormoneller Vorgänge. Auch Affekte wie Liebe, Furcht oder Wut sowie Gedächtnis und angeborene Trieb- und Instinkthandlungen nehmen vom limbischen System ihren Ausgang.

Das limbische System ist also mit dem präfrontalen Cortex verknüpft. Im präfrontalen Cortex werden Gefühle wie Angst bewusst wahrgenommen. Wenn wir in Gefahr sind, reagieren die zuständigen Mandelkerne und schlagen Alarm. Wenn die Angstsituaton vorbei ist, gibt diese Region dann wieder Entwarnung. Das Letztere funktioniert bei Alexithymen offensichtlich nicht, weshalb diese Menschen ständig unter Druck stehen und oft krank werden. Bereits früh wurden Parallelen zu den emotionalen Ausdrucksstörungen der Patienten gesehen, die sich Verletzungen bestimmter Hirnregionen zugezogen hatten. Dabei zeigte sich auch, dass 40 % der Patienten mit chronischen Schmerzen alexithyme Eigenschaften aufwiesen. Bei Patienten mit Somatisierungsstörungen zeigen sich ausgeprägte Störungen wie zum Beispiel die gestörte Erkennung von emotionalen Signalen, reduzierte Fantasietätigkeit und Traumarbeit.

Laut einer Studie weist jeder Zehnte der über 1800 Teilnehmer deutliche Merkmale von Gefühllosigkeit auf, wobei dies eher auf Männer als auf Frauen zutrifft, auf Arme als auf Reiche und eher auf Geschiedene als auf Verheiratete. Die Zahl der alexithymen Menschen ist in der finnischen Studie sehr hoch. In nördlichen Ländern scheint im Durchschnitt die Sonne weniger, daher treten dort Depressionen häufiger auf, was insofern entscheidend ist, da Alexithymie oft mit Depressionen verbunden ist.

Ich komme nun zu einem Beispiel: der Fall Hannes Roth. Dieses Beispiel wird in einem ZEIT-Bericht mit dem Titel „Kein Gefühl nirgends" beschrieben. Der Fall Hannes Roth zeigt, dass es Jahre dauern kann, bis man dieses Phänomen erkennt. Seine Frau hatte ihm schon jahrzehntelang Gefühllosigkeit vorgeworfen. Auch Hannes Roth selbst merkte schließlich, dass irgendetwas mit ihm nicht stimmte, denn er konnte sich einfach an nichts erfreuen. Bei ihm fing irgendwann der Hals an zu zittern und er suchte sowohl Hausärzte als auch Heilpraktiker und Neurologen auf. Er ließ sich sogar Botox spritzen, was aber letztendlich auch nichts half. Erst einige Jahre später traf Roth auf den Psychosomatiker Gündel, der bei ihm schließlich Alexithymie diagnostizierte. Die Ursachen hierfür könnten bei Hannes Roth in der Kindheit liegen. Seine Mutter starb früh an Hautkrebs und sein Vater hatte ihn nicht mal an ihr Krankenbett gelassen. Sein Vater heiratete dann die Schwester seiner Mutter, die ihn allerdings nie wie ihren eigenen Sohn behandelte und von deren Seite er auch keine Liebe erfuhr.

Wie wird Alexithymie also diagnostiziert? Die Wissenschaft verfügt mittlerweile über einheitliche Maßstäbe der Alexithymie. Es gibt zum einen die Toronto-Alexithymie-Skala – TAS-20 – und zum anderen den Leas-Text. Bei der ersten Skala werden den Testpersonen Fragebögen mit 20 Aussagen vorgelegt, wie zum Beispiel, inwiefern sie es schwierig finden zu beschreiben, was sie für andere Menschen empfinden. Der Leas-Text ist eine aufwendigere, aber genauere Methode, um eine mögliche Störung festzustellen. Dieser Test ermöglicht dem Patienten, frei zu antworten.

Alexithyme Menschen fallen im Alltag nicht so schnell auf. Kaum einer geht zum Arzt und lässt sich darauf untersuchen, weil ihm irgend jemand Gefühllosigkeit vorwirft. Falls doch einer ärztliche Hilfe aufsucht, dann meist wegen psychosomatischer Krankheiten, denn die Körper von Gefühlsblinden stehen häufig unter Anspannung und Dauerstress. Viele von ihnen leiden auch oft unter Kopfschmerzen, Bluthochdruck oder anderen Symptomen, für die es keine unmittelbare Ursache gibt.

Es stellt sich nun die Frage, wie Alexithymie behandelt werden kann. Die Therapiemöglichkeiten sind noch begrenzt, weil das Phänomen von der Wissenschaft zu lange vernachlässigt wurde. Früher wurde lange Zeit versucht, den Patienten mit psychoanalytischen Methoden zu helfen, bis man endlich erkannt hatte, dass dies nicht viel half. Heute versuchen Psychologen, ihren Patienten ihre Gefühle mühsam zu erklären. Wenn ein schweres Trauma der Grund der Alexithymie ist, kann sich diese zurückentwickeln, sobald das Trauma überwunden ist.

Ich komme nun zum Schluss und fasse zusammen. Alexithymie ist noch ein weitgehend unbekanntes Persönlichkeitsmerkmal. Laut einer Studie weist jeder Zehnte alexithyme Eigenschaften auf. Besonders Männer sind laut dieser Studie häufiger betroffen. Das liegt meiner Meinung daran, dass sie in der Kindheit Gefühle wie Schmerz und Trauer oft nicht zeigen sollen, sondern dazu erzogen werden, nur Stärke zu zeigen und keine Schwäche. Dennoch gibt es bisher nicht viele Möglichkeiten, Gefühllosigkeit zu behandeln. Ich denke, dass man diesem Merkmal am besten schon in der Kindheit vorbeugen kann, indem Eltern mehr auf ihr Kind eingehen und ihm beibringen, seine Gefühle zu äußern.

Vox, Natascha: Alexithymie – Das Phänomen der Gefühllosigkeit. Hausarbeit für den Basiskurs Deutsch 2. Bielefeld, 2006.

Lösungen

Seite 16: Mitschreiben und Mitschrift

Lösungsvorschlag:

Alexithymie – Das Phänomen der Gefühllosigkeit
1. Definition
2. Ursachen
3. Fallbeispiel
4. Diagnostik
5. Behandlung

Zu 1.
- keine Krankheit, sondern ein Persönlichkeitsmerkmal
- Begriff in 70er Jahren entwickelt
- Emotionen werden nicht wahrgenommen

Zu 2.
- nur wenige Ursachen bekannt:
  a) als Kind Gefühle nicht gelernt
  b) traumatische Erlebnisse
  c) Gehirn: limbisches System nicht mit präfrontalem Cortex vernetzt
- Patienten oft unter Druck und krank
- Studie: jeder 10. ist gefühlsblind, mehr Männer, mehr Arme, mehr Geschiedene, mehr in nördlichen Ländern
- Depressionen oft mit A. verbunden

Zu 3.
Hannes Roth: jahrelanges Leiden, ehe A. erkannt wurde
Ursache: Kindheit?

Zu 4.
- Diagnostik:
  a) Toronto-Alexithymie-Skala mit vorgegebenen Fragebögen
  b) Leas-Test: mit freien Antworten
- schwer zu diagnostizieren, oft Stress, Bluthochdruck, Kopfschmerz

zu 5.
Behandlung:
- nur begrenzte Möglichkeiten:
  a) Erklärung von Gefühlen
  b) Traumabehandlung
  c) Vorbeugung in Kindheit: Erziehung zu mehr Gefühl

Portfolio-Reflexionsbogen

Titel des Produkts:

Datum:

Der Anlass für die Erarbeitung des Produkts war:

Ich habe dieses Produkt für das Portfolio ausgewählt, weil:

Bei der Erstellung des Produkts bin ich folgendermaßen vorgegangen:

Neues, das ich gelernt habe:

Folgendes ist mir leicht gefallen:

Folgendes ist mir schwerer gefallen:

Ich finde an diesem Produkt gelungen/nicht gelungen:

Ich nehme mir für eine ähnliche Arbeit Folgendes vor:

Literaturhinweise

Ludwig Huber, Selbstständiges Lernen im Unterricht:
Bastian, Johannes (Hg.): Schülerrückmeldung über Unterricht (Themenheft). In: Pädagogik 53 (Heft 5, 2001). Weinheim: Beltz, 2001.

Felix Winter, Mitplanung des Unterrichts:
Bastian, Johannes/Combe, Arno/Langer, Roman: Feedback-Methoden. Weinheim: Beltz, 2003, S. 165ff.
Riegel, Enja: Schule kann gelingen. Frankfurt/M.: Fischer, 2004, S. 57ff.
Winter, Felix: Leistungsbewertung. Baltmannsweiler: Schneider Verlag, 2004, S. 224ff und 270ff.

Annett Taßler, Mitschreiben und Mitschrift:
Bünting, Karl-Dieter/Bitterlich, Axel/Pospiech, Ulrike: Schreiben im Studium: mit Erfolg. Berlin: Cornelsen, 2004.
Griebel, Bernd: Lern- und Arbeitstechniken. Vorlesungs- und Seminarmitschriften. o.J. www.hs-zigr.de/~bgriebel/lerntechniken.html, 04. Dez. 2009.
Kroeger, Hans: Mitschreiben und Mitschrift. In: Horst, Uwe und Karl-Peter Ohly (Hg.): Lernbox. Lernmethoden-Arbeitstechniken. Seelze/Velber: Friedrich Verlag, 2001, S. 52-55.
Pohl, Wolfgang: Das Lernen lernen (3): Mitschrift und Mitarbeit. 10/ 2001, www.pohlw.de/lernen/de/technik/techn_03.htm, 04. Dez. 2009.
Stickel-Wolf, Christine/Wolf, Joachim: Wissenschaftliches Arbeiten und Lerntechniken: Erfolgreich studieren – gewusst wie! Wiesbaden: Gabler, 2002, S. 57-66.

Felix Winter, Kleingruppenarbeit:
Klafki, Wolfgang: Lernen in Gruppen. In: Pädagogik 44 (Heft 11, 1992). Weinheim: Beltz, 1992, S. 6-11.
Meyer, Hilbert: Unterrichtsmethoden Bd. II. Berlin: Cornelsen, 1987, 11. Lektion.

Uwe Horst, An einer Diskussion aktiv teilnehmen und sie leiten:
Frech, Siegfried/Kuhn, Hans-Werner/Massing, Peter (Hg.): Methodentraining für den Politikunterricht 1: Mikro- und Makromethoden. Schwalbach/Ts.: Wochenschau Verlag, 2004.
Kuhn, Hans-Werner/Massing, Peter (Hg.): Lexikon der politischen Bildung, Bd.3. Schwalbach/Ts.: Wochenschau Verlag, ^{3}2002.

Karin Volkwein, Mit dem Portfolio das eigene Lernen reflektieren:
Brunner, Ilse, Häcker, Thomas/Winter, Felix (Hg.): Das Handbuch Portfolioarbeit. Konzepte, Anregungen, Erfahrungen aus Schule und Lehrerbildung, Velber: Kallmeyer, 2006.
www.portfolio-schule.de, 23. März 2010

Wolfgang Emer und Felix Rengstorf: Projektarbeit:
Emer, Wolfgang/Lenzen, Klaus-Dieter: Basiswissen Pädagogik 6. Unterrichtskonzepte und -techniken. Projektunterricht gestalten – Schule verändern. Baltmannsweiler: Schneider Verlag, ^{3}2009.
Emer, Wolfgang/Rengstorf, Felix: Projektunterricht. Eine Materialsammlung aus dem Oberstufenkolleg. Bielefeld: Universität Bielefeld 2006.
Gudjons, Herbert u.a.: Projektunterricht gestalten (Themenheft). In: Pädagogik 60 (Heft 1, 2008). Weinheim: Beltz, 2008.

Uwe Horst/Karl Peter Ohly, Raus aus der Schule – Der Besuch von Museen und Ausstellungen
Traub, Silke: Das Museum als Lernort für Schulklassen. Hamburg: Kovac Verlag, 2003.
Geschichte im Museum (Themenheft). In: Geschichte Lernen Heft 14. Velber: Friedrich, 1990.
www.deutsche-museen.de, 23. März 2010 (Museumsverzeichnis)
www.neanderthal.de, 23. März 2010

Uwe Horst, Interviewleitfaden
Reinders, Heinz: Qualitative Interviews mit Jugendlichen führen. München: Oldenbourg, 2005, bes. S. 151ff.
Schmidt, Christiane: Analyse von Leitfadeninterviews. In: Flick, Uwe/Ernst von Kardorff (Hg.): Qualitative Forschung. Ein Handbuch. Reinbek: Rowohlt, ^{5}2007, S. 447-456.

Einen Beispielfragebogen zur Fremdenfeindlichkeit finden Sie unter:
egora.uni-muenster.de/FmG/fremdenfeindlichkeit/bindata/f_m0301.pdf, 23. März 2010.

Zu Auswertung solcher standardisierter Fragebögen steht das Programm GrafStat zur Verfügung. (www.forschen-mit-grafstat.de/), 23. März 2010.

momox
momox.com/sale
A-khvivb

vpm

ISBN 978-3-12-**011233**-4
9 783120 112334